西 南 财 经 大 学 人 口 研 究 成 果

中央高校基本科研业务费专项资金项目（项目编号：JBK2304167）
四川省统计局—西南财经大学四川省人口与发展数据实验室　　资助出版

农村家庭中的
儿童发展：
影响因素与作用机制

NONGCUN JIATINGZHONG DE
ERTONG FAZHAN：
YINGXIANG YINSU YU ZUOYONG JIZHI

杨帆　阳杨　刘金华　等著

西南财经大学出版社

中国·成都

图书在版编目(CIP)数据

农村家庭中的儿童发展:影响因素与作用机制/
杨帆等著.--成都:西南财经大学出版社,2024.11.
ISBN 978-7-5504-6502-2

Ⅰ.G782

中国国家版本馆 CIP 数据核字第 2024US4604 号

农村家庭中的儿童发展:影响因素与作用机制
NONGCUN JIATING ZHONG DE ERTONG FAZHAN:YINGXIANG YINSU YU ZUOYONG JIZHI

杨　帆　阳　杨　刘金华　等著

策划编辑:何春梅
责任编辑:肖　翀
助理编辑:徐文佳
责任校对:邓嘉玲
封面设计:墨创文化
责任印制:朱曼丽

出版发行	西南财经大学出版社(四川省成都市光华村街 55 号)
网　　址	http://cbs.swufe.edu.cn
电子邮件	bookcj@swufe.edu.cn
邮政编码	610074
电　　话	028-87353785
照　　排	四川胜翔数码印务设计有限公司
印　　刷	四川五洲彩印有限责任公司
成品尺寸	170 mm×240 mm
印　　张	12
字　　数	203 千字
版　　次	2024 年 11 月第 1 版
印　　次	2024 年 11 月第 1 次印刷
书　　号	ISBN 978-7-5504-6502-2
定　　价	78.00 元

前　言

　　儿童是国家的未来与希望。儿童健康发展涉及方方面面。家庭是儿童发展的第一个场所，对儿童发展起着至关重要的作用。家庭提供儿童的基本生活需求，确保儿童身体发育；家庭是儿童最早的情感发展环境，家庭的良好氛围促进儿童心理健康发展；家庭也是儿童学习价值观念、掌握社交技能的重要场所，家庭成员间的交流互动促进儿童正确价值观的树立以及基本社交技能的掌握。家庭对儿童的身体健康、心理发展、社会交往等都有深远的影响。

　　由于城乡发展的差异，农村儿童在资源获得方面处于相对弱势地位，在发展过程中可能面临更多问题。农村地区不少家长外出务工导致儿童家庭结构不完整，家庭的作用与功能难以充分发挥，儿童发展受到限制。农村儿童健康发展对于缩小城乡差距、促进国家整体发展有直接作用。如何确保农村地区儿童健康发展关系到国家未来的发展。

　　西南财经大学人口研究团队长期关注儿童和青年发展问题，且与四川省社会科学院刘金华研究员团队合作开展了系列研究。本书是集体工作的结果，其中的主要研究内容及成果已在学术期刊公开发表或形成学位论文。杨帆、阳杨组织实施了问卷调查和数据清理，构建研究框架，指导和参与理论研究，开展实证分析并撰写部分章节内容；刘金华参与问卷调查、研究框架构建和理论研究，指导开展实证分析。第一章、第二章和第八章由全部作者合作完成，刘兰撰写第三章，廖红宇撰写第四章，杜美臻、唐琬尧、王昭维撰写第五章，阳杨、邓彬婷、杨帆撰写第六章，赵在上撰写第七章。

　　本书以及本团队关于农村儿童的社会调查和系列研究，是在西安交通大学梁在教授以及西南财经大学曹德骏教授、杨成钢教授、张俊良教授、王学义教授的指导和支持下完成的，西南财经大学社会发展研究院人口研究所的李文利老师、孙楠老师在前期社会调查过程中做了大量基础性工作，人口研究所及西南财经大学中国西部经济研究院的众多师生也参与和支持了农村儿童社会调查相关工作，在此一并表示感谢。

书中难免存在疏漏和不足，还望读者指正。

本书作者团队

2024 年 7 月

目　录

第一章　导论

一、背景与意义

当前儿童发展受限意味着未来经济增长受限（Development Initiatives，2017）。对任何国家或地区而言，儿童发展都事关区域的可持续发展，儿童发展状况是区域发展政策制定须考虑的因素之一。关注儿童发展不仅有利于了解儿童当前福利状况，更有利于把握其未来健康状况和人力资本（Brinkman et al.，2014）。

家庭是儿童成长最核心的场所，家庭因素对儿童成长有显著影响。如父母或家庭成员的国际迁移对留守在自己国家的儿童既有积极影响，也有消极影响，汇款可能增加儿童教育、健康等方面的福利，但亲子关系的缺失对留守儿童的内化影响可能抵消其积极效应（Antman，2013）。与国际迁移类似，国内迁移也具有类似的影响。包括中国在内，不少发展中国家或地区的城镇化进程中大量农村人口进城务工导致农村家庭结构变化。农村家庭结构差异导致家庭环境、教养过程等方面的差异，是农村儿童发展分化的重要原因。儿童健康的城乡差异在所有发展中国家或地区都存在（Van de Poel，2007），讨论农村儿童发展议题对于发展中国家或地区的可持续发展有重要意义。

除了家庭结构变化以外，家庭教育投入、家长对儿童的学业参与、家庭亲子互动、家庭教育期望等都可能对农村儿童各方面的发展产生影响。家庭教育是儿童教育投入中不可或缺的一部分。在儿童的早期教育中，父母对子女的人力资本投资主要体现在通过提高育儿技能和能力来发展和增强儿童未来的能力（Orla Doyle et al.，2016）。与其他教育投入相比，家庭教育投入给儿童带来的影响更加重要和长远。有效的教育参与能够在儿童问题行为产生的过程中起到一定的抑制作用，而不良的教育参与将会增加儿童问题行为的发生概率（Levine et al., 2009）。父母的教育态度对于儿童行为问题有着较为稳定的影响（吕勤 等，2003；Gómez-Ortiz et al., 2016；Pérez-Fuentes et al., 2019）；父母的教育方式、态度对于不同年龄阶段儿童的问题行为有着预测作用，消极的教育方式会导致儿童产生问题行为（陈会昌 等，2004；贾双黛，张洛奕，2020）。社会互动是指人们之间相互的社会行动。对本地儿童来说，父母、老师和同伴对儿童的心理健康和风险行为有显著影响；就移民儿童来说，学校对儿童身心健康起到重要的社会支持作用（Walsh et al., 2010）。但无论如何，家庭中亲子互动对农村儿童的全方位影响不容忽视。教育期望不仅为个体提供前进的目标。在家庭系统中，无论是父母对子女的教育期望还是子女的自我教育期望，均是直接、有效且稳定的学业成绩预测指标（蔺秀云 等，2009）。

婚姻、生育和死亡模式的变化推动中国家庭结构变迁（Zeng, 1987），大量人口由农村迁移到城市务工或居住加剧了这一过程。1980—2010年，中国城镇人口比重由19.4%上升到49.2%（Lucas, 1997）。2012年年末，中国有2.6亿农民工进城务工，这是人类历史上最大规模的人口迁移，导致农村留守现象非常常见，特别是在中国农村。对儿童来说，原生完整的家庭结构被破坏，取而代之的是单亲、隔代等非原生完整家庭结构，这对农村儿童发展产生深远影响。

目前，中国人口发展已经进入负增长阶段，人口年龄结构老化程度加剧，城镇化率仍处在稳步提升过程中。在此背景下，农村人口与家庭发展问题值得深入研究。考虑到儿童发展问题的重要性以及农村家庭因素的重要影响，本书立足于中国转型发展和家庭变迁大背景，聚焦中国农村家庭中的儿童发展，研究家庭因素对农村儿童发展的影响机制，并探讨其带来的政策启示。一方面，本书尝试深化家庭因素对农村儿童发展影响的理解，完善农村场域中家庭与儿童发展关系的理论体系；另一方面，本书以实证分析结果为基础，探讨可能的促进农村儿童全面健康发展的建议，服务于民生改善和乡村振兴。

二、研究内容

本书立足于中国转型发展和家庭变迁大背景,基于调查数据实证分析家庭因素对农村儿童发展的影响及其机制,主要包括五个部分。

第一,家庭结构对农村儿童综合发展的影响。家庭结构是家庭因素影响的综合体现。本书先从家庭完整性角度分析家庭因素对农村儿童发展的影响,通过构建测量农村儿童发展的指标体系,分析父亲缺位、母亲缺位、双亲缺位和完整家庭对农村儿童综合发展的影响,并讨论其中的作用机制。本部分是本书实证分析的起点。

第二,家庭因素对农村儿童认知能力的影响。认知能力是儿童最重要的能力之一。本书以学业成绩反映儿童认知能力,分析家庭教育期望对农村儿童认知能力的影响,讨论教育期望如何影响农村儿童的学业成绩。

第三,家庭因素对农村儿童非认知能力的影响。非认知能力是儿童发展的重要方面。本书以好奇心、外向性、自我认同反映儿童非认知能力,挖掘家庭因素对于农村儿童非认知能力的影响机制,具体包括家庭教育投入的影响、家长学业参与的影响、家庭亲子互动的影响。

第四,家庭因素对农村儿童问题行为的影响。农村儿童全面发展需要关注其成长过程中可能产生的问题行为。本书以攻击行为为例,讨论家庭因素对农村儿童问题行为的影响,即家庭教育参与、家庭情感支持在防止儿童发生问题行为过程中的抑制作用。

第五,家庭因素对农村儿童心理健康的影响。农村儿童健康需要关注其成长过程中可能产生的心理健康问题。本书以抑郁为例,讨论家庭因素对农村儿童心理健康的影响,即家庭文化资本提升在抑制农村儿童心理抑郁中的作用。

本书主要内容如图 1-1 所示。

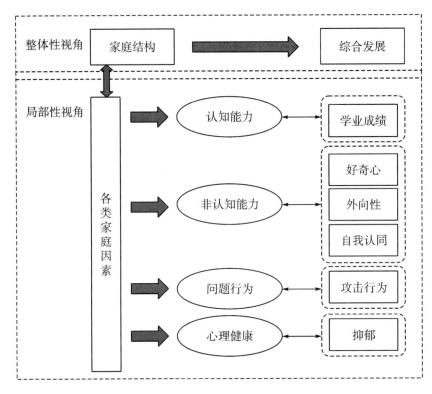

图 1-1　家庭因素影响农村儿童发展研究内容示意图

三、研究思路和研究方法

本书遵循从整体到局部的思路，除了开篇的文献梳理和最后的政策探讨以外，按照逻辑顺序进行研究，主要分为两大板块。第一是从家庭成员的完整性角度，分析家庭结构对农村儿童综合发展的影响，并讨论可能的作用机制。第二是从局部性视角出发，探寻家庭各种因素可能对农村儿童发展产生的影响，具体包括四个方面：一是影响农村儿童认知能力的家庭因素，二是影响农村儿童非认知能力的家庭因素，三是影响农村儿童问题行为的家庭因素，四是影响农村儿童心理健康的家庭因素。从整体到局部、先宏观后微观的逻辑，符合"先见森林后见树木"的思路，有利于对影响农村儿童各方面发展的家庭因素进行系统把握。

本书以调查研究的总体范式展开，以四川省 Z 县、S 县为案例地区。四川省是中国西部大省，大量农村人口外出务工。中国农村儿童被纳入义务教育体系，依托学校对农村儿童进行的抽样可代表农村儿童的绝大部分。中国小学五年级学生多处于 11~13 岁。6~14 岁是儿童形成个性的重要发展阶段，在这期间，儿童能力提升、变得独立、自我意识增强，更多地参与家庭外的世界，快速向成年过渡（Eccles，1999）。在国家社科基金项目"留守儿童与流动儿童发展状况动态监测研究"（15AZD053）的支持下，研究团队于 2017—2018 年在 Z 县、S 县进行了农村儿童发展专项调查。其中，以 Z 县所有农村小学在校五年级学生为总体，采取 PPS 方法抽取六所小学，对所有学校全部五年级学生进行调查，并收集了学生的学业成绩、健康状况、班主任对于学生的评价等信息。在每所学校五年级班级中进一步抽取若干班级，对学生实际看护人进行调查。调查共获得有效学生问卷和班主任评价问卷各 1 112 份，学生实际看护人问卷 654 份。与此同时，研究团队在四川省 S 县也进行了大规模调查，取得有效学生问卷和班主任评价问卷各 932 份，学生实际看护人问卷 726 份。本书的实证分析主要基于此数据展开，其中一些篇章还使用了其他调查数据。本书实证分析使用基于 OLS 的多元线性回归模型，此外还有分类变量回归模型、中介效应模型、调节效应模型、结构方程模型等。

需要说明的是，儿童一词指人在出生并度过新生儿时期后直到成年前的一个阶段。《中国儿童发展纲要（2021—2030 年）》中，有新生儿、婴儿、5 岁以下儿童、0~6 岁儿童、3 岁以下儿童、7 岁以下儿童、12 岁儿童、16 周岁儿童等表述。一般认为，青少年所指的阶段总体略迟于儿童阶段，但两者确有交集，"少年儿童"一词也被广泛使用。《中国儿童发展纲要（2021—2030 年）》中，也有若干关于"青少年"的表述。因此，本书不对儿童和青少年一词进行严格区分，认为新生儿后到 18 岁成年前的阶段都可称之为儿童阶段，其中，幼儿之后的阶段则表示为青少年阶段。

第二章　文献综述

一、家庭结构与农村儿童发展

人类对于更高发展程度的追求是无止境的，但对发展这一社会概念的测量却并不容易，众多组织、学者对此进行了大量探索。人类发展指数（HDI）是认知度较高的成果之一，有研究回顾了人类发展指数的发展历史，对人类社会福利的测量方式进行了专门讨论（Stanton，2007）。也有许多研究和实践着眼于对儿童发展水平的测量，如 AEDI 是澳大利亚用来测量儿童发展水平的工具，测量内容包括：身体健康与福祉、社交能力、情绪成熟、语言与认知能力、交流能力与一般知识（Agbenyega，2009）。一项研究描绘欧盟儿童总体福利状况时，使用了 8 类 23 个领域共 51 个指标构成的测量体系（Bradshaw，2007）。尽管儿童生活质量相关的测量几乎都有局限性，但对以后测量方式的发展有贡献（Eiser & Morse，2001）。

儿童作为社会中需要受保护的弱势群体，其发展受到家庭、学校和社会多重因素的影响。目前的研究认为，儿童发展的影响因素包括社会经济地位、种族主义、文化差异、社会制度等宏观层面因素（Simpkins，2013；Williams-Morris，1996；Bradley & Corwyn，2002），也包括儿童与学校、老师、家庭、同伴关系等中微观层面因素（Bronfenbrenner，1979）。事实上，除遗传等生物学因素和社会层面的宏观因素外，家庭、学校等因素也是改善儿童发展状况政策制定的重要立足点。尽管学校因素对儿童特别是学龄期儿童的发展水平有较大影响是主流观点，但家庭因素也可能对儿童发展产生关键影响。

家庭对儿童的影响具有复杂性。整体来看，可以将影响儿童发展的家庭因素划分为两大类：一类是儿童的家庭环境，包括家庭结构、家庭特征等；另一类是家庭对儿童的教养过程，包括教养方式、亲子关系等（Crosnoe & Cavanagh，2010）。

就家庭环境而言，儿童所在家庭的成员结构是影响儿童发展最重要的因素之一。与父母共同居住为完整、健康的亲子关系提供了条件，相对而言，与单亲母亲、单亲父亲或祖辈居住的儿童发展处于不利地位。收入不平等导致单身母亲特别是受教育程度低的单身母亲增多，单身母亲影响儿童物质资源和亲子关系从而影响代际之间的经济流动（McLanahan & Percheski，2008）。即使同样出生于较低社会经济地位的家庭，在双亲陪伴下成长的儿童的认知能力也普遍强于在单亲家庭长大的儿童（Sarsour，2011）。就健康而言，单亲母亲家庭中学前子女的总体健康水平低于完整家庭的儿童（Worobey et al.，1988）。与单亲妈妈居住以及和祖辈居住的儿童，比双亲家庭儿童健康状况更差（Bramlett & Blumberg，2007）。家庭结构对儿童教育和行为方面的影响也类似，父母双亲迁移或主要看护人不是父母，对儿童的教育表现有负面影响（Zhou et al.，2014）。青少年时期的家庭结构与后来的心理状态有关（Cavanagh，2008）。

即使家庭结构完整，父母是否为原生父母对儿童来说也可能意味着不同的陪伴和养育方式，从而导致儿童发展情况的差异。与原生父母家庭的青少年相比，其他类型家庭的青少年各方面发展情况更差，单身父母或继父继母家庭的儿童在各方面的发展都处于不利地位（Langton & Berger，2011；Ram & Hou，2003）；与继母居住的儿童更少得到健康投资（Case & Paxson，2001）。

家庭结构并非绝对稳定，儿童遭遇家庭结构的变化会影响其发展（Fomby & Cherlin，2007）。在社会转型过程中，家庭结构变化改变父母的观念或行为，其对子女的教养过程也可能受到影响。经历了居住安排变化的青少年比那些与原生父母共同生活的青少年的福利状况更差（Brown，2004）。家庭结构变化影响儿童的行为和学业成就，若转变为仅有母亲的家庭，儿童行为问题将增加；若转变为仅有父亲的家庭，儿童阅读成绩将受到影响（Magnuson & Berger，2009）。家庭稳定性对儿童发展的影响也具有复杂性和长期性。转变为非双亲家庭对儿童发展的负面影响显著高于转变为双亲家庭，且家庭不稳定对儿童的社会经济发展影响高于认知方面的影响（Lee & McLanahan，2015）；婚姻关系解散可能使人们的生活产生巨大的混乱，儿童父母离婚加大了其成年后中风的风险（Fuller-Thomson &

Dalton，2015；Amato，2000）。

在家庭环境方面，家庭特征也是儿童发展重要的解释因素，其可概括为家庭整体属性和儿童父母属性两类。一方面，不同城乡类型、婚姻关系家庭的儿童发展存在差异。农村儿童、流动儿童的教育表现相比城市儿童更差（Zhang et al.，2015），同居家庭的儿童健康状况比已婚家庭儿童更差（Schmeer，2011）。另一方面，父母的经济、教育或心理状况对儿童不同方面存在不同程度的影响。父母的社会经济特征通过父母的信仰和行为等，间接影响儿童的学业表现，父母的教育成就与子女的教育表现有显著关系，母亲的受教育程度是儿童健康状况的决定因素，母亲抑郁与儿童的问题行为有密切联系（Davis-Kean，2005；Ermisch & Francesconi，2001；Chen & Li，2009；Kiernan et al.，2009）。

家庭教养方式是父母在抚养和教育儿童过程中所采取的观念和行为，不同教养方式下成长的儿童往往表现出差异化的特征。父母参与子女的学习或生活过程，通过其特定的习惯、态度或行为影响其教育表现或生活习惯（Patrick & Nicklas，2005）。如使用家用计算机可对儿童身体、认知和社会性发展产生影响（Subrahmanyam，2000）。亲子关系是父母与子女之间的互动关系，父母通过关心、交流、陪伴等方式参与儿童成长并影响儿童发展。决定家庭影响儿童发展性质和范围的，是亲子关系的内容和质量而非父母或儿童单独的行为（Laursen & DeLay，2011）。合适且融洽的亲子关系促进儿童发展，消极或冲突的亲子关系能对儿童发展产生严重的负向作用（Jouriles，2014）。需要说明的是，家庭环境和教养过程这两类影响儿童发展的因素并不容易被简单割裂开，他们往往相互交织，很多时候家庭环境也是通过影响教养过程来影响儿童发展的。此外，父母外出务工导致家庭亲子关系被破坏，留守儿童多方面的发展情况不理想（Wang & Mesman，2015）。中国农村留守儿童的身心健康和就学情况处于不利地位（Wang et al.，2015；He et al.，2012）。与许多发展中国家或地区情况类似，家庭结构直接或间接影响儿童发展。相对而言双亲家庭儿童社会情绪发展得分显著更高（Wang et al.，2019）。

由此可见，家庭因素对儿童发展具有重要影响，许多研究者基于不同角度对家庭因素在儿童某一方面或多个方面发展中的作用进行了较为充分的研究。家庭结构是儿童成长所处家庭环境的内容之一，其对儿童各个方面的发展都有重要影响，且这种影响可能是直接的，也可能是通过家庭教养过程间接发挥作用。尽管研究者们都承认儿童发展的多维性，但对儿童发展水平进行综合评价并探讨家庭因素对儿童综合发展水平影响的研究还不多见，且家庭结构对儿童发展影响的作用机制还有待进一步明确。中国农村剧烈的家庭变迁无疑影响着当地儿童的福利水平和发展过程，着眼于家庭因素及其作用的研究，可为家庭层面的干预政策在儿童发展中发挥积极作用带来启示（Hu et al., 2014）。

二、儿童认知能力及其影响因素

（一）认知能力及其影响因素

认知能力主要是指人的知觉、记忆、观察、思维和想象等的能力。Nelson 和 Phelps（1966）在研究人力资本与经济增长时，将认知能力定义为接收、翻译和理解信息的能力。《中国学前教育百科全书》中，把认知能力定义为人脑加工、储存和提取信息的能力，即人们日常所说的智力，如记忆力、观察力、想象力等。

家庭环境对儿童认知能力的影响起着显著作用。父母对儿童发展过程的参与，有助于形成"家庭—学校—社会"的闭合关系，是教育资源对儿童发展发挥作用的"桥梁"，能提高儿童认知能力。对我国儿童的研究发现，父母与孩子的交流和沟通会对儿童学业成绩起到关键性的提升作用（赵延东 等，2012）。父母与老师、孩子同学及其他家长之间的交流，有助于父母了解孩子的生活和学习情况，进而影响父母与子女的交流互动。

儿童认知受到家庭社会经济地位的影响。家庭社会经济地位与儿童认知能力显著正相关，处于中低层家庭的儿童较上层家庭的儿童认知能力更低（刘保中 等，2015）。由于低层家庭父母的知识水平能力有限，对于孩子的认知能力发展起到的作用也有限，低家庭社会经济地位的儿童可利用的资源更少。在现代化进程中，传统家庭文化价值观念弱化，这对父母的参与行为产生影响。父母的职业也与儿童的认知能力显著相关，是儿童认知能力的重要影响因素。父母职业地位高的儿童往往也具有更高的认知能力。社区环境，如邻里环境、社区质量等，也对儿童的认知能力产生影响。

儿童在社会化的过程中，不仅家庭会对其认知能力产生影响，学校也会对其认知能力产生影响。获得过学前教育的孩子比未获得学前教育的孩子具备更高的认知能力，他们在认知测试和学业考试中均有更好的表现，且学前教育对考试成绩具有独立于认知能力的影响。（王慧敏 等，2017）。教育是使人们获得认知能力的最重要的途径。而对于最基本的认知能力而言，义务教育阶段尤其重要。在 20 世纪 80 年代以后，城乡之间出现了大规模的劳动力转移。年轻劳动力由农村转移到城市，但是子女仍然留在农村。这部分留守儿童多是由祖辈隔代照料或者寄宿在农村学校。低龄寄宿会对农村留守儿童的认知能力和非认知能力造成显著的负面冲击，并且生均教育经费越充足，则寄宿对认知能力和非认知能力生产的影响就越小（朱志胜 等，2019）。除了家庭和学校会对儿童认知能力产生影响外，个体因素亦会影响儿童的认知能力。如开放性较强的小学生往往会在学业成绩上取得更大的成就，其认知能力也更好（Goldberg，1994）。

（二）学业成绩的影响因素

学业成绩与教育期望密切相关。对学业成绩影响的研究，常见的是从宏观研究和微观研究角度对相关理论加以归类，前者常采用大样本实证研究，侧重校外各种社会因素的分析；后者往往以学校或班级为研究范围，侧重于校内或班级内各因素的分析（马和民，1996）。一般情况下，影响学生学业成绩的因素主要包括个体、家庭及学校三个方面的因素。孙云晓等人（2010）研究发现，从小学开始，到初中、高中，直到大学，各个学习阶段，女生的学业表现明显优于男生。家庭的经济状况、父母的受教育程度也会对学生的学业成绩产生影响（黄超，2017）。母亲的受教育程度、家庭中的学习辅助资料工具数量都会对学生的学业成绩产生显著的影响。家庭的经济状况和儿童学业成绩之间也有关联，因为其影响到家庭可为孩子提供的学习用品数量与学习活动（庞维国 等，2013）。也有研究发现青少年同伴群体通过对青少年个体的价值观和行为产生影响并最终对青少年的学业成绩产生影响（张玲玲，2008）。王芳芳等人（2002）从父母教养的角度发现，父母通过提高自身素养，为孩子创造一个民主和谐的家庭环境，通过言传身教传递好的生活学习方式，通过正确的教育方法提高孩子的认知能力，能让孩子端正学习态度，加之父母对子女学习投入的增加，孩子的学业成绩会不断提高。通过文献整理，发现更多的研究者从以下五个方面研究青少年的学业成绩影响因素。

第一，家庭背景影响学业成绩。研究发现，父母对孩子的教育投入与家庭资源呈正相关，父母教育期望和家庭对子女的教育投入也呈正相关，从而对子女的学业成绩产生影响（孙清山，黄毅志，1996）。通过分析2010年的CEPS（中国家庭追踪调查）的10～15岁青少年样本，发现父母的受教育程度和家庭收入都会通过父母参与（亲子互动）对青少年自身的教育期望产生间接作用（刘保中 等，2015）。

第二，同辈群体影响学业成绩。同辈群体对青少年发展的影响体现在青少年的价值观、行为模式、日常生活习惯和学校学业表现等诸多方面（程诚，2017）。家长对孩子的学业成就并没有直接影响，同辈群体是孩子学业成就的唯一环境因素（Gaviria et al.，2001）。也有研究发现了同伴群体通过对青少年个体的价值观和行为产生影响并最终影响学业成就，而且还提出伴随着时间发展，同阶层同伴群体的影响有逐渐增强的趋势（程诚，2017）。在对青少年未来取向发展的影响因素的研究中发现，家庭和同伴作为一个有机整体影响青少年未来取向发展，并且在研究中对同伴群体与青少年的关注逐渐增多（张玲玲，2008）。也有研究发现同辈群体对青少年学业成绩有重要的影响，同伴期望的正面影响，也就是社会遵从效应，相对于学习成绩差的学生，同伴期望对成绩较优者的影响更显著；而同伴群体的负面影响则对成绩较差的学生的影响更显著（曹蕊 等，2019）。

第三，自我效能感影响学业成绩。自我效能感被认为是班杜拉（Bandura）社会理论中的核心概念。学业自我效能感是自我效能感在学习领域的具体与延展。研究发现，学业自我效能感对学生的学业成绩有显著影响，并认为该变量可以对学生的学业成绩产生一定的影响（Barry & Zimmerman，2000）。学业自我效能感较高的学生，不但掌握更好的学习方法，还表现出更为浓厚的学习兴趣（Schunk，1989）。

第四，看护人教育期望影响学业成绩。有研究发现父母期望通过学生的自我效能感影响学生的学习成绩（周志强，田宝，2004）。父母的期望与学生学习成绩有显著的正相关关系（水远漩，刘舒艳，2006）。然而，父母不切实际的过高期望使子女压力较大，反而子女的成绩较低（张春兴，1981）。父母期望会影响孩子的成就动机及焦虑程度，父母期望过高会使孩子的焦虑升高，从而对子女学习产生负面的影响。在学者对韩国教育追踪调查数据的研究中发现，韩国父母的教育期望不仅对子女的学业自我效能感有显著效果，还可以直接作用于孩子的语文、英语和数学成绩

（You et al., 2015）。教育期望差异也会影响学业成绩。在针对流动儿童学业表现的研究中发现，父母教育期望与子女自我教育期望存在显著差异，双方在未来教育目标上往往有着不同的认知，且这种差异具有普遍性，而且流动儿童的学习投入在教育期望差异、父母的教育投入和自己的学业表现之间起到完全中介作用（蔺秀云 等，2009；Bernadette et al., 2010）。

第五，学习投入和亲子互动影响学业成绩。在一项针对学生教育投入和学习成绩的纵向研究中发现，教育投入对儿童学业成绩的影响是正向的而且还具有一定的滞后性（王妹琼，2011）。与成绩优秀的学生相比，学业成绩差的学生教育投入水平更低（Peetsma, 2000）。也有研究发现教育投入水平较高的青少年不仅关注自身的学业发展状况，并且自身对学业的重视、投入和正向的预期都会对自身当前的学习表现有正向推动作用（Liem et al., 2008）。也有一些跨文化的研究发现，相较于接受西方个体主义文化熏陶的学生，接受传统中国教育的学子会更愿意对其学业付出更多的精力和时间，并且取得优秀学业成绩的前提是刻苦学习（Pomerantz et al., 2008）。亲子互动也是研究儿童学业成绩时不可忽略的一个重要因素。亲子互动是指家长与其子女之间的相互交往的行为活动，亲子互动在各类社会互动中处于最基础的地位，主要具有三大特点，即具有长期性、血缘性和亲缘性（马德峰，2003）。

综上所述，亲子互动、学习时间投入、学习书籍的数量、同伴群体和自我效能感与学业成绩有显著的因果效应。通过上文梳理教育期望相关的文献可知，看护人教育期望会影响学生的自我效能感、学业压力、成就动机及焦虑程度，还会影响看护人对儿童的学业投入，并通过这些因素最终对儿童的学业成绩产生影响。自我教育期望会对儿童的学习投入、自我效能感、学习动机等产生影响，并且这些在儿童的学业成绩中显示。

三、儿童非认知能力及其影响因素

非认知能力在心理学、教育学、经济学和社会学领域都被广泛使用，但在不同的领域含义不尽相同。在劳动经济学领域，非认知能力是影响职业发展的相对稳定的思想、感受、行为模式（Roberts, 2009）；在教育学领域，非认知能力被视作一种非智力因素，需要通过观察各种行为进行衡量（方晨晨，2018）；在行为经济学领域，非认知能力被视为诸如时间与风险偏好等概念（郑加梅，卿石松，2016）。对非认知能力研究最早和最多的是心理学和经济社会学。

（一）非认知能力的定义

国外心理学界学者对"非智力因素"或"非认知能力"的定义大多是相对于"智力因素"或"认知能力"而言，心理学通常使用"非智力因素"或者"人格"来表示非认知能力。美国心理学家亚历山大于1938年首次提出非智力因素的概念（Alexander. W. P，1938），认为非智力因素是对人的智力因素作用和成长过程有着重要作用的一种心理素质和涵养（罗芳，关江华，2017）。随着心理学和发展心理学对非智力因素的深入研究，20世纪70年代末，"非认知因素"一词基本被心理学界所接受（黄国英，谢宇，2017）。由于智力因素能够通过一些方式进行测量并且以标准化的成绩、学业等级等方式表现，而非智力因素没有具体测量标准或者测量成本太高，早期心理学研究主要集中于智力测试而忽视了非智力因素（黄维海，罗英姿，2019）。现实生活中发现"智商高的人由于缺乏自我约束而无法在生活中取得成功，而智商低的人由于坚持不懈、可靠和自律而成功的例子很多。"（Heckman，2001）面对这种情况，现有的一些成就测试（achievement tests）不能充分衡量非认知技能，例如毅力、尽责、自我控制、信任、专心、自尊心和自我效能感、对逆境的适应能力、开放的经验、同理心、谦卑、宽容等特质（Kautz et al.，2014）。所以，非智力因素是那些有助于在学校和工作场所取得成功的态度、行为和策略，例如，动机、毅力和自制力。这些因素被称为"非认知"，是因为它们与通常通过测验或教师评估来衡量的认知和学术技能有所不同（Gutman et al.，2013）。

国内心理学对非认知能力的研究起步较晚，《心理学大辞典》对非认知因素的定义是指除了智力与能力之外但同智力活动效益发生交互作用的一切心理因素，其结构包括与智能活动有关的情感、意志、人格倾向性、气质、性格等（程飞，2013）。目前学界对于非认知能力没有明确一致的界定，与国外学者相同的是，国内对于非认知能力的定义也是基于对认知能力定义的基础之上的。

随着认知能力在个人收入预测、代际收入流动等实证分析中的解释力受到限制（刘中华，2018），非认知能力的重要作用得到越来越多经济学家和社会学家的肯定。根据人力资本两大基本特征，认知人力资本和非认知人力资本分别指凝聚在劳动者身上的能带来未来收益的认知能力和非认知能力，并且这些能力可以通过教育、培训、工作等后天的方式来获得（周金燕，2015）。同样是可以通过后天方式培养，但认知能力和非认知能力存在较大的区别。衡量认知能力的代表性指标——智商指数 IQ，在 10 岁左右已经逐渐稳定，并且认知能力会随着时间的增加而逐渐下降，呈典型的倒 U 型，其峰值出现在 16～19 岁（何珺子，王小军，2017）。而非认知能力是一个多维度的复杂概念，类似一种专业型能力，固化在劳动者的工作习惯和操作方式上，不可能采用单一指标对其进行测量，包括自尊、社会交往、自我效能、自我控制、消极情绪性、社会适应、信任、社会融入等在内的态度或行为都被认为是非认知能力的重要维度（郭亚平，2020）。

非认知能力也被经济社会学领域广泛运用。有研究在对"瓦尔拉斯模型"环境假设的拓展基础之上，同时在控制了一些人口学变量、家庭社会经济地位以及认知能力之后，强调了非认知能力的经济价值（Bowles, Gintis, 1976）。Edward（1976）论证了非认知能力在预测职业选择和工资水平中的作用，Cornwell 等（2013）也从小学数据中分析出教师评估和考试成绩存在着非认知技能性别差异。Heckmam 认为非认知能力对劳动力产出和社会行为有着重要影响，并提出了以能力为核心的新人力资本理论模型，其中包含了认知能力和非认知能力。他指出，在某些职业选择、风险行为决策以及工资收入方面，非认知能力的影响要强于认知能力（Heckman et al.，2006；李乐敏 等，2020）

随着研究的深入，非认知能力成为经济学人力资本理论的重要构成，并且认为其在性别上出现差异。柯布从男女非认知技能差异出发，提出非认知能力存在着某种程度上的性别差异，这种差异会影响不同性别的人的职业选择、成就以及工资等方面（Cobb-Clark et al.，2011）。John 运用返校率和非认知能力来解释男女返学率差异的现象（F，Kennedy，2002）。

（二）非认知能力的测量

由于非认知能力范围的广泛性与性质的复杂性，目前学界并未对非认知能力形成统一的定义，不同学科对非认知能力概念侧重不同，相应地对于非认知能力的测量也不同。

早期，心理学家从不同视角提出一些人格特质并开发了测量工具。比较著名的如 20 世纪 40 年代美国心理学家 Cattell 编制的"卡特尔十六种人格因素问卷"（Cattell's 16 PF）（Cattell，1943）；英国心理学家 Eysenck 研发的艾森克人格问卷，将人格划分为外倾性、神经质和精神质三个维度（Eysenck et al.，1976）。目前，学界使用最多的是 20 世纪 80 年代 Costa 和 McCrae 开发的 NEO 人格问卷（N-E-O Personality Inventory，NEO-PI），除了最开始神经质、外向性、开放性三个维度，1992 年两位学者再加上宜人性和责任感两个维度发表了修订版问卷，提出了"五因素模型"（five-factor model，FFM）。

在社会经济学领域，随着越来越多的学者引用非认知能力这一概念，比较公认的是把和"自尊感"（self-esteem）和"自我效能感"（self-efficacy）这两个标准的心理学量表作为非认知能力的一种可观测量（许多多，2017）。关于自尊感，最著名的是罗森伯格自尊量表（Rosenberg Self-Esteem Scale）（Rosenberg，1965），Heckman 就曾用罗森博格自尊量表测量验证非认知能力对工资收入的正面效应（Heckman et al.，2006）。"自我效能感"是个体对自己在特定情景中有能力从事某种行为并取得预期结果的信念（陈雨露，秦雪征，2018；Barbalet，1993），许多研究采用德国心理学家施瓦泽和他的同事编制的一般自我效能感量表（General Self-Efficacy Scale，GSES）来测量大学生的自我效能感，以验证大学教育对寒门学子的影响（许多多，2017）。

行为观察也是非认知能力重要的测量方法。Heckman 和 Rubinstein 给美国普通教育发展（GED）计划的研究提供了非认知技能重要性最明显的例子之一。他们发现高中同等学历（美国的高中辍学生可以通过参加 GED 考试来获得高中证书，被视为同等学历）的人尽管聪明，但收入却比高中毕业生低。他们将其归因于辍学者的负面非认知属性（Heckman & Rubinstein，2001）。

也有学者引入归因倾向（个体对事件发生的原因的习惯性解释倾向）概念，用心理控制点（又作内外控制点）理论来衡量非认知能力，并编制相应的内外控制点量表（Rotter，1966）。心理控制点理论认为个体的归因方式会影响人们对经济环境、职业决策信息的识别与选择，进而影响自我效能（邝磊 等，2011）。

通过文献的梳理，我们发现学界用于测量非认知能力的测量方式有许多，但每一种测量方式对于非认知能力关注的重点不同。除了以上测量方式之外，还有一些其他的衡量标准，在此不作赘述。下面就详细探讨学界使用最为广泛，理论模型相对比较成熟的大五人格模型（FFM）。

大五人格的最终建立有赖于几代心理学家的共同努力。其核心思想最初由 Allport 等人在 1936 年正式提出，Cattell 基于 Allport 研究成果进一步精炼术语范围，得到 16 个描述多维个性特质的因素，这些因素相互独立又涵盖所有变量（Cattell，1945）。Norman 通过重复以前的研究步骤，从《韦伯斯特国际词典（第三版）》（1961 年版）中选出了 18 125 个特质形容词，并从中剔除难懂和极端评定的词，让大学生被试进行自评和他评，结果得到了五个因素（Norman，1963）。无论是参考 Cattell 的分类，还是 Norman 的词典，都得了人格五因素，但此时人们对于人格特质的探究还较为分散，没有形成一定的理论框架。直到 1981 年，Goldberg 综合前人理论成果，将上述五个因素统称为大五人格因素。随着五因素得到学界一致确认，Costa 和 Me Crae 编制了测量五因素的问卷——NEO PIR（崔红，王登峰，2004；Costa et al.，1995）。与此同时，许多心理学家都根据自己的研究重复得到了类似的五个因素，但在命名上存在差异（李红燕，2002），但主要内容大多包括思维开通性、责任感、外向性、亲和或随和性、情绪稳定性几个方面。

（三）非认知能力的作用

人力资本是国家经济社会发展的重要因素，许多传统理论只考虑到认知能力在人力资本中的作用。然而，认知能力并不能完全有效解释个人的发展，非认知能力作为除认知能力之外的人力资本的一部分，对个体未来的发展产生巨大影响。虽然有明确的证据表明生命早期对技能形成的重要性，但许多非认知能力在以后的年龄阶段比认知能力更具有可塑性。非认知能力正越来越受到重视（李晓曼，曾湘泉，2012）。

学校教育、就业、工作经验和职业选择都受到潜在非认知能力和认知能力的影响（Heckman et al.，2006）。越来越多的研究发现，认知能力对未来收入水平的解释力似乎受到了过高的估计，部分研究者实证发现非认知能力与工资收入显著正相关（黄国英，谢宇，2017；董孝坤，2020；Cobb-Clark & Tan，2011；Heckman et al.，2001）。非认知能力不仅是收入的重要解释变量，同时也影响着劳动力市场中的诸多表现（程飞，2013）。认知能力可以显著提高劳动收入，但对技能溢价的影响并不稳定且不显著，非认知能力不仅可以提高低技能劳动收入，还可以通过职业选择偏好效应显著提升技能溢价水平（盛卫燕，胡秋阳，2019）。从劳动力市场表现发现，非认知能力中某些因素会通过个体的社会资本和人力资本积累对创业产生影响（王询 等，2018）。在大学生群体中，非认知能力甚至超越了家庭背景，成为对收入最为稳定的影响因素之一（许多多，2017）。从技能溢价的角度出发，有学者发现非认知技能中的某些技能可导致更高的技能溢价，获得额外的工资溢价（王国敏 等，2020）。

非认知能力作为人力资本中认知能力之外的能力补充，对认知能力、学业成绩的发展起到一定的中介作用，对在成长和发展过程中各种表现和行为也起到有效的解释作用。学生中拥有高认知能力但低非认知能力的女性获得学位的几率只有同时拥有高认知能力和高非认知能力学生的一半（Streyffeler et al.，2005）。非认知能力的特征效应和报酬效应能够在很大程度上解释学业成绩分布上呈现出的性别差异（王骏，2018）。有学者甚至认为非认知能力对最高学业完成率的影响较认知能力更大（Reynolds et al.，2010）。负面的非认知能力对学生学业成绩的提高产生消极影响（方超，黄斌，2019）。

（四）非认知能力的影响因素

非认知能力作为人力资本之一，伴随人的整个成长过程。幼儿时期的家庭抚养、社区环境，儿童时期的父母陪伴、学校教育、社交状况等都是对非认知能力产生影响的环节。已有文献主要从家庭、学校、社会环境等多维度对非认知能力的影响因素进行探究。家庭情况包括家庭背景、家庭教养方式、父母性格特征、亲子交流等方面，这些都会对子女非认知能力产生影响。

在家庭背景方面，家庭层面的人力资本、社会资本、文化资本和经济资本对个人非认知能力有显著正向影响（罗芳，关江华，2017；黄超，2018；曹连喆，方晨晨，2019；李波，2018；李丽 等，2017）。在生命的早期，经历过家庭贫困会显著降低农村青少年部分非认知能力（闵文斌 等，2019）。

在家庭教养方式方面，由于城乡二元经济结构存在，农村大量劳动力流入城市，留下老人在农村从事农业生产，照顾子女的大部分职责实际由祖辈承担，形成了隔代抚养和儿童留守的状况。隔代抚养和父母抚养在个体特征和家庭特征上存在较大差异，隔代抚养对初中生非认知能力具有显著消极影响（邢敏慧，张航，2020）。成长中的留守经历不仅对儿童会产生消极影响，对大学生非认知能力也会产生消极影响（郭亚平，2020）。亲子分离中的母亲分离会显著负面影响子女的学业表现和体质健康，父亲分离显著不利于子女非认知能力的发展（李波，尹璐，2019）。

父母性格和亲子交流也对子女非认知能力有重要影响。耐心的父母倾向于采用更科学的自主支持式教育方式教导子女，对子女非认知能力具有积极影响（吴贾 等，2020）。有研究从亲子共餐这一微观视角探究父母陪伴对青少年非认知能力的影响，发现亲子共餐频率的降低对青少年的非认知能力总水平及其情绪稳定性、宜人性和尽责性有显著的负向影响；亲子共餐频率的提高对青少年的宜人性产生显著的正向影响（李乐敏 等，2020）。

除了家庭环境，学校环境对青少年成长发育也有着重要影响。对部分农村儿童群体而言，发展过程中存在着父母参与不足、家庭功能不健全等问题，学校成为农村儿童特别是农村留守儿童人力资本培养的重要场所，学校教师成为影响学生认知能力和非认知能力的重要主体（贾婧 等，2020）。学校环境除了对个人非认知能力有直接影响之外，还可以调节家庭环境对学生非认知能力的作用（杨中超，2020）。

教师也会影响儿童身心发展的方方面面。在大多数环境下，教师影响在儿童童年的早期投入比后期投入更为理想（Cunha et al.，2010）。教师的学习支持、情感支持和交往支持对农村留守儿童的非认知能力具有显著影响（雷万鹏，李贞义，2020）。并且，幼儿教育和小学教育在青少年非认知能力形成中具有启蒙作用（王慧敏 等，2017；Kautz et al.，2014；龚欣，李贞义，2018；郑磊，祁翔，2020），

班级环境包括班级规模、班级座位都会对儿童产生较大影响（郑力，2020）。通过小学生班级内随机排座实验，考察随机形成的小组内学生干部同群效应对周边学生非认知能力的影响发现，组内学生干部产生的同群效应通过与组内其他同质个体的交互作用提升了自身的非认知能力水平（王春超，钟锦鹏，2018）。

寄宿制是农村教育的重要形式，寄宿制可以相对有效地减少家庭环境

的不利影响，但是寄宿制也可能导致儿童缺乏亲情支持。学界对于寄宿制对儿童人力资本的影响效果的观点存在较大争议，寄宿制对认知能力的影响分成了正面和负面两派，但绝大部分研究者都认同寄宿制对农村儿童非认知能力具有负面影响（姚松，高莉亚，2018；朱志胜 等，2019）。

课外补习是学校教育的补充，参加课外补习的学生的非认知能力明显高于未参加课外补习的学生，兴趣类课外补习在家庭社会经济地位在对学生非认知能力影响过程中产生了部分中介效应（方晨晨，2018）。

（五）非认知能力及其与认知能力的关系

非认知能力并不直接处理外部信息。如果说认知是主体对外部信息进行存储、加工等处理的活动，包括感觉、知觉、表象、概念、判断、记忆、推理以及直觉、灵感等，那么非认知就是主体对特定认知对象产生的心理倾向、精神状态和利害关系，包括情感、意识、需求等（苑士军，1988）。虽然非认知能力并不直接处理外部信息（如一些 IQ 测试、考试、逻辑检验等），但非认知因素通过某种机制对认知能力进行调控，对认知活动中的外部信息处理产生间接影响（朱红，张宇卿，2018）。

但是对于认知能力和非认知能力的界限和分辨，学界目前还存在争议。有研究认为非认知能力这一概念有广义和狭义之分，广义的非认知因素包括智力以外的心理因素、环境因素、生理因素以及道德品质等。狭义的非认知因素则指那些不直接参与认识过程，但对认识过程起直接制约作用的心理因素（吕媛，李文利，2013）。朱红和张宇卿（2018）指出非认知发展在不同生命周期具有不同的表现和特征，认知之外的所有心理资本都可以纳入非认知的内涵中。而 Martin 和 Matthew（2016）等认为非认知是一个错误的称呼，从对某种信息处理的角度来讲，每一个心理过程都是认知。只是在非认知能力这个术语之中，认知是认知能力和知识的简写，表示可以通过标准化的智力和成就测验可靠地衡量其结构（Messick，1979）。所以，非认知已经成为无法通过认知能力和知识评估获得的特质或技能的统称（West et al.，2016）。

不同学科之间对于非认知能力的概念和内涵的研究重点是不同的，其概念和内涵尚未完全统一，不同的概念和理论之间存在着高度的重叠却有着细微的区别。心理学对非认知能力的界定更加关注"个性特质""人格"等因素，是个人在特定的环境和情况下出现的有固定倾向和趋势的响应方式，其研究重点也是非认知能力对个人感受、思想、行为的影响。而经济学家关注非认知能力对人的"能力"的提升，在人力资本框架内考虑非认知能力的价值及形成机制。社会学家则侧重非认知能力对一些社会现象的解释，尤其是人的活动选择的影响。对比不同学科的对于非认知能力的定义，我们可以总结出非认知能力以下特点：

首先，非认知能力是相对于认知能力而提出的。目前学界对非认知能力的研究虽然还没有形成系统的体系，但是心理学、经济学、教育学等学科对认知能力的研究起步较早且理论成果丰富。虽然不同的学科对于非认知能力研究重点不同，展开的维度也不同，但是目前学界对于非认知能力的定义普遍是基于原有认知能力的研究基础之上的。认知能力通常被认为等同于智力和解决抽象问题的能力，类似于以阅读科学和数学能力的测试分数作为度量标准（李立国，薛新龙，2017）。那么，如同字面意思一样，非认知能力是与计算、阅读、背诵等认知能力不同的能力，体现于个体在某种情境以某种方式做出反应的倾向（黄国英，谢宇，2017；朱红，张宇卿，2018；李立国，薛新龙，2017；陈雨露，秦雪征，2018；王询 等，2018）。

其次，非认知能力的培养是一个长期持续的过程。非认知能力是一种技能，在任何年龄阶段，角色技能在不同的社会活动中都是稳定的，在非认知技能的产生过程中，生命周期的各个阶段大致恒定（Kautz et al.，2014）。非认知技能在整个生命周期中都比认知技能更具延展性，其开发与培养是一个持续动态的过程，尤其是从幼儿期到成年期，儿童早期建立的非认知技能的存量就单调增加（Coneus & Laucht，2014）。随着环境、年龄、认知能力的影响，非认知能力会不断变化，一生中会发展出不同的非认知技能，尽管这种变化是非常细微和不易察觉的，但程度不同，人生阶段也不同。

最后，非认知能力对人的全面发展十分重要。非认知能力不仅对工资有重要作用（Bowles et al.，2001）而且对确定教育成果和以后收入有重要影响（Heckman，2001，Cunha et al.，2005），是代际间收入传递程度的重要决定因素（Blanden et al.，2007）。在年轻人的认知和非认知技能对学校教育和收入影响的模型中，更好的非认知技能会导致更多的教育之外获得的收入回报（Heckman et al.，2006）。

国内学者也从不同的维度探究了非认知能力的重要性。许多学者认为，非认知能力对青少年身心健康发展和个人能力培养有着重要影响（吕媛，李文利，2013；王子涵，2016；王慧敏 等，2017；闵文斌 等，2019；祖霁云，Kyllonen，2019）尤其对于广大农村地区的留守儿童（郭亚平，2020；雷万鹏，李贞义，2020）。现有对留守儿童的研究主要停留在主观幸福感和心理健康方面，留守经历对非认知能力的影响尚未得到充分关注（郭亚平，2020）。同时，非认知能力也与个人未来劳动力市场的表现密切相关，非认知能力较高的劳动者工资收入明显较高（朱红，张宇卿，2018）。

四、关于农村儿童攻击行为

攻击行为是儿童社会化过程中的消极行为，有关研究起源较早。虽然目前尚未有普遍认可的定义，但多数研究认为攻击是指有意图地伤害他人身体或者精神的行为（贾守梅，汪玲，2011；智银利，刘丽，2003）。根据研究的侧重点不同，攻击行为的分类也不同：一是将攻击行为分为身体侵犯、言语攻击和关系欺侮（贾守梅，汪玲，2011）；二是将攻击行为分为直接身体攻击、直接言语攻击和间接攻击（蒋俊梅，2002），其中直接身体攻击、直接言语攻击又被合称为直接攻击，这种将攻击行为分为直接攻击和间接攻击的方式在研究中较为常见。

儿童的攻击行为对于自身发展以及社会发展都有重要影响，已有关于儿童攻击行为的研究通常探究其发生的原因并提出解决措施。儿童攻击行为的影响因素可分为个人因素以及社会环境因素。个人因素主要指生物学因素以及个人性格特点等，社会环境因素包括家庭、学校、同伴、社区、大众传媒等（肖凌燕，2004；智银利，刘丽，2003；Salakhova et al.，2019）。

在复杂社会环境中成长的儿童，社会交往对象主要包括家长、邻居、老师以及同伴等。学龄期前儿童的主要社会交往对象是家长，进入学龄期后家长及同伴对儿童行为都具有较大影响。儿童行为的发生受多种因素共同影响，但同伴的影响力更大（Schofield et al.，2015）。同伴（peer）指属于同一社会群体的平等的人，尤其指拥有相似年龄、相同等级、相同地位的人群（梅里亚姆-韦伯斯特公司出版社，2000 年）。儿童在成长中与同伴相处的时间增加，父母在他们心里的权威地位逐渐减弱，同伴的影响力逐渐大过家庭（杨丽珠 等，2016）。因此，不良同伴交往在很大程度上会对儿童发展产生影响。

不良同伴交往对儿童问题行为具有一定的预测作用（Carlo et al.，2014），拥有不良同伴的儿童产生的问题行为更多（Schofield et al.，2015；Yang et al.，2013），探求这种预测作用背后的机制有利于对问题儿童进行有效干预。不良同伴交往影响儿童问题行为的机制主要有两种：一是直接影响，个体在儿童时期模仿能力较强，他们通过模仿不良同伴的行为而产生问题行为（苏斌原 等，2016）；二是间接影响，与不良同伴交往会使儿童发生一系列心理变化，比如，此类儿童更容易产生道德推脱，进而导致儿童问题行为的产生（赵卫国 等，2020）。然而，有研究比较分析具有攻击性和不具有攻击性的儿童在心理上并没有表现出显著差异（王益文 等，2004），即儿童攻击行为的产生未必与心理因素相关，因此关于心理因素变化在不良同伴交往对儿童攻击行为影响中的作用尚存争议。

已有研究在探讨心理因素与攻击行为之间关系时，主要使用单一维度的概念及其测量来反映心理因素，如孤独、自尊、自我概念等（耿铭萱，2021；张伟然，齐冰，2021；钟沁玥 等，2021；Bagán et al.，2019）。此外，也有理论对心理社会适应与攻击行为之间存在的密切联系进行阐释，一般攻击模型认为，情境因素（即个体周围所处的环境）对于攻击行为的产生有着重要作用，它通过影响儿童的认知、情绪进而促使儿童产生攻击行为（宋明华 等，2017；Anderson & Bushman，2002）。

心理社会适应对儿童攻击行为有明显负向影响（蒋俊梅，2002；夏锡梅，侯川美，2019；张桂平，兰珊，2020），心理社会适应越差的儿童越容易产生攻击行为。心理社会适应主要应用于心理学与医学，包括情绪适应、人际适应、自我适应以及行为适应（吕娜，2012；韦雪艳 等，2019；魏星 等，2015）。其中，行为适应不同于其他三种适应的是，其主要指儿童面对社会环境所做出的行为，因此常被单独称作心理社会外化适应或问题行为（黄成毅，2017；Cummings et al.，2014）。因此，心理社会适应主要指情绪适应、人际适应以及自我适应三种社会适应的心理表现。

五、关于农村儿童心理抑郁

（一）儿童心理健康

自 Schultz（1973）开创了人力资本理论以来，健康作为人力资本的重要组成部分之一，一直是社会各界以及居民个人关注的焦点。从 2016 年《"健康中国 2030"规划纲要》的出台，到 2017 年习近平总书记在党的十九大报告中明确将"健康中国"提升到战略高度，再到 2018 年《国家乡村振兴战略规划（2018—2022 年）》进一步强调推进"健康乡村"建设，都表明了国家和社会对人民健康的高度重视。有诸多心理学研究表明：相比于体质健康与社会功能的明显性、直接性，心理健康对个体的影响是更加潜移默化且深远持久的（王纯敏，2006；袁存柱 等，2011）。在衡量个人健康水平时，心理状况亦是一项重要标准。具体来说，居民心理是否健康对其自身的学业成果、性格培养，对家庭关系、家庭功能，甚至对社会安全都起着至关重要的作用（Ingeborg，2020；Ziapour，2015；Ping，2019；Øyfrid，2019；蔡晓淇 等，2019）。

然而，我国居民特别是农村儿童的心理健康情况不容乐观，抑郁性心理症状较为突出，而且儿童心理健康水平在地区之间、城乡之间存在不同程度的分化。儿童作为国家发展的后备力量，其身心健康状况更是与个人发展和整个经济社会的进步密切相关。学术界针对儿童群体的心理健康的作用领域也展开了诸多研究：一方面，健康的心理既是学生学习科学文化知识的基本前提，也是其适应社会、成就事业的心理基础，既是提高学生综合素质的重要载体，也是驱动学生人格发展、开发学生潜能的重要动力（王永和，2004；滕睦，2010）；另一方面，患有严重心理疾病的儿童和青少年很可能产生学业受阻、人际冲突和暴力倾向等诸多问题，长此以往，会引发更严重的社会问题（禹瑛，2005）。

一般来讲，青少年面临的心理问题主要包括强迫、人际关系、抑郁、焦虑、敌对和偏执等，这些问题越来越成为青少年健康成长的"绊脚石"（辛自强 等，2012；Ye，2017）。在众多的心理问题当中，青少年抑郁情况越来越受到社会各界的关注。研究发现，抑郁症是引发青少年暴力冲动、自伤等极端行为倾向的"导火索"（Jacobson，2015；张红英，2016），加强青少年心理建设，降低其抑郁的可能性是一项十分紧迫的任务。

通过对在线问诊心理疾病的家庭数据进行分析，未成年患者约占40.3%，学龄儿童青少年心理异常发生率为15.6%，从疾病分类来看，青少年在线问诊心理疾病也以孤独症、抑郁等问题为主①。同时，《心理健康蓝皮书：中国国民心理健康发展报告（2017—2018）》（以下简称《报告》）中提到，青少年儿童是心理状态最不稳定的群体，其抑郁和焦虑症状最为突出。从城乡差异来看，《报告》显示：心理状况"较差"的居民中，农业户口人数占比大于非农业户口（18.3%>13.8%）；反映心理健康水平为"差"的居民中，农业户口人数同样多于非农业户口（2.6%>2%）。可见，农村儿童群体的心理问题中抑郁问题值得特别关注，有必要从理论研究的角度提高对农村儿童心理抑郁状况的关注，积极探究影响农村儿童抑郁症状的因素，破解提高儿童心理健康水平的难题。

（二）儿童心理抑郁

"抑郁"实质上是指人的心理情绪，小到少许不良情绪，大到复杂的情绪疾病，都属于"抑郁"的范畴。要研究与青少年抑郁有关的问题，区分和界定不同的抑郁状态是极为有必要的，根据抑郁的表现症状、判定标准及影响程度，可将抑郁分为抑郁障碍、抑郁症、抑郁综合征或抑郁情绪（Steinberg，2007）。在所有的抑郁状态中，抑郁情绪普遍存在于青少年群体当中，出现频率最高。在抑郁概念的界定方面，研究认为抑郁情绪是指会给人带来负面感受，使人产生消极思想的一种情绪（Graber，2013）。或认为抑郁情绪是指个体感到无法应对外界压力从而引发的消极情绪（张文新，2002）。

对于儿童抑郁的研究大都采用问卷调查法，常用的有量表有自评抑郁量表（Self-Rating Depression Scale）、汉密顿抑郁量表（Hamilton Depression Scale）、抑郁自评问卷（Beck Depression Inventory）、流调中心抑郁量表（Center for Epidemologic Studies Depression Scale）等。

青少年是未来国家建设的主力军，其身心健康直接关乎着乡村振兴、全面小康等国家政策的实现。青少年健康的影响因素亦是国内外学者关注的一个重要领域。对儿童心理健康影响因素的研究主要集中在个人特征、

---

① 数据来源于《中国家庭健康大数据报告（2018）》。

家庭环境和校园环境等方面。

首先，个人特征方面，影响儿童心理健康的要素主要包括网络成瘾、吸烟等不良习惯，自我压力，以及友谊、恋爱状况等。通常来说，网络沉溺、吸烟酗酒、睡眠质量差等不良的行为习惯对青少年身心健康危害较大，不但容易导致其寿命缩短、胖瘦过度等体质状况变化，还有可能造成青少年焦虑甚至重大抑郁症的病发（Eliacik，2016；Cohn，2018）。研究表明，青少年遭遇压力事件容易导致其抑郁情绪的出现，而压力事件的类型和抑郁的频率又存在地域间的异质性。比如南非地区的青少年会因兄弟姐妹的增加带来的生活负担产生压力；对挪威的儿童来说，亲人经历的重大事故或灾难最易使其产生压力；而在中国，学业压力成为青少年的普遍压力来源（李海垒，张文新，2014）；又由于青少年难以理性地处理两性关系，因此拥有恋爱经历特别是失恋状态下的青少年容易陷入抑郁、偏执等精神状态（Beyers，2007）。

其次，家庭因素对青少年的影响重大，积极的家庭关系不仅对青少年，更对每个家庭成员的心理健康都是有益的（Ping，2019）。而一个完整的家庭结构相对于单亲家庭更能给孩子充分的情感支持，因此，单亲家庭的青少年更容易产生心理压力（Shenoy，2016）。同样，父母对子女的严格要求会使青少年产生精神压力，如果得不到释放，容易引起各种心理疾病（肖莉娜，2014）。但是，合理的情绪调节能够缓和慢性家庭压力，促进青少年心理健康（Jones，2018）。教养方式是指父母在教养子女时的一些基本行为特征及隐含在这些行为特征背后的信念、态度与价值观念（Baumrind，1971）。已有文献从不同的角度对父母教养方式进行了类别划分，例如，有学者根据家庭中父母教养孩子的方法，归纳出放任型、威望型和独裁型三种方式，后有学者将其发展为威望、独裁、放任和纵容四种教养方式（Maccoby，1983；Steinberg，1994）。现有结果表明，父母支持、接纳和关心等积极的教养方式对子女有益，而忽视、惩罚以及过度控制等消极的教养方式不利于子女发展（梁宗保 等，2013）。

最后，学校是儿童除家庭以外最重要的生活学习场所，无论是校园管理、师生关系或是在校表现都是青少年学生心理健康的重要影响因素。诸多研究和社会调查都表明，近年来频发的校园欺凌事件是造成学生抑郁、焦虑和自闭等心理问题的"元凶"（Sophie，2017）。在应试教育背景下的青少年对于学业成绩的重视是影响其心理情绪的一个重要因素（Lei，

2019），另外常见的如师生关系紧张或者被老师忽略都容易造成青少年情绪上的失衡，进而产生抑郁、焦虑等症状（Elizabeth，2020）。

（三）家庭文化资本影响儿童抑郁的研究

具体到家庭层面，研究家庭文化资本对儿童抑郁状况的文献，特别是实证部分的研究还比较匮乏。已有的研究主要从两个方面进行研究：一是单独讨论某一类家庭文化资本对个体抑郁等心理问题的作用，二是将三个层面的家庭文化资本作为一个整体探讨其对个体心理健康的影响。

一方面，部分研究证实了客观化文化资本作为家庭教育资源的一部分，对儿童抑郁、孤独症等心理问题有负向影响。例如，不少心理学研究发现，家庭对书籍、词典、书桌等文化工具的投入作为家庭教育资源的一部分，对青少年的心理健康有着不同程度的影响，阅读书籍特别是经典文学类著作的孩子感受性强，敏感性倾向更加严重；家中拥有词典或字典的学生，不易产生焦虑情绪；而缺乏学习专用书桌容易导致青少年抑郁、敏感等情绪（姚远，张顺，2016；邓红，魏燕，2017）。但未发现有文献对其中的内在机制进行说明。在制度化文化资本方面，大多数文献都认为父母受教育情况与子女抑郁程度成反比（张红英 等，2016；Amélie，2012），因为父母的文化程度越高，其教养方式更加积极合理（Fibbi，2015），从而有利于降低青少年抑郁的可能性（王宏 等，2009；Shute，2019）。有学者检验出父亲和母亲的受教育情况对儿童抑郁程度的影响方向不一致（朱志胜，2019）。在以农村青少年儿童作为研究对象时，学者多采用母亲的受教育程度衡量制度化文化资本，因为农村儿童的父亲多长期外出务工，对儿童生活学习的直接影响较小（邓红，2017）。亲子之间的沟通与互动能够促进青少年的抑郁倾向明显下降（李海垒，2014；Tabak，2016）。

另一方面，部分研究将三个层面的家庭文化资本作为一个整体，探讨其对个体心理健康的影响，但是无法具体到对个体抑郁情况的影响。例如，对 1 869 名黎巴嫩妇女进行的文化资本对其自评健康和心理健康的影响调查，结果表明二者之间存在显著的相关性，文化资本高的妇女的健康状况具有明显的优势（Khawaja et al.，2006）。李亚飞（2019）通过对聋生群体家庭文化资本的现状分析，从理论研究的角度阐述了书籍等文化工具、父母文化程度，以及手语沟通这三类家庭文化资本对聋童心理健康的重要性。张金龙（2019）以吉林省延边朝鲜族自治州的高中生为研究样本，实证分析了家庭文化资本与高中生学校适应性的关系，并发现心理资本在其中的中介作用，且家庭文化资本越丰富的高中生拥有更多的心理资本。

六、家庭因素对儿童的影响

（一）家庭教育投入

除了家庭结构变化以外，家庭教育投入、家长对儿童的学业参与、家庭亲子互动、家庭教育期望等都可能对农村儿童各方面的发展产生影响。家庭教育是儿童教育投入中不可或缺的一部分。父母人力资本对儿童学习和发展的积极影响需以家庭内部的社会资本为前提，即如果父母没有参与到儿童的学习和生活中，父母拥有的人力资本将无法有效作用于儿童发展（Coleman，1988）。在儿童的早期教育中，父母对子女的人力资本投资主要通过改变育儿技能和能力来发展和增强儿童未来的能力（Orla Doyle et al.，2016）。与其他教育投入相比，家庭教育投入给儿童带来的影响更加重要和长远。美国政府曾经为了帮助贫困家庭儿童，实行过一项课外班政策。然而由于该政策减少了父母对儿童的时间投入，这些儿童的成绩并没有得到明显提升，这说明外界的时间投入并不能代替家庭教育时间投入（Kane，2004）。

关于家庭教育投入的构成，不同学者有不同的分类，较为普遍的分类是根据投入类型划分为经济投入和时间投入。Becker（1986）从经济学的角度分析了代际间的人力资本投资与财富传递。他认为父母对孩子的人力资本投资包括财富效应和禀赋效应，而财富效应对儿童投资的影响远远大于禀赋效应。而家庭的经济资源与儿童的未来教育发展呈正相关（Haveman，1995），贫穷影响家庭教育经济投入，进一步影响儿童的学习成绩（Philip，2002）。父母参与可以促进子女非认知能力的良好发展，进而改善学生的学业表现（李波，2018），父母参与教育不仅能直接促进儿童的发展，而且会潜移默化地培养孩子的学习品质，使其养成良好的学习习惯，产生学习的内在动力（李燕芳，吕莹，2013）。

还有学者发现家庭教育投入对不同特征的儿童能力的影响具有异质性，儿童的年龄、性别、家庭情况都会影响家庭教育投入的效应。Coleman

（1988）曾提出，家庭对儿童的影响在最初几年中最有效果，因此入学之后，家庭间差异对成绩的影响应该开始下降。父母越早参与子女的成长与发展活动，对子女发展的影响越大。父母参与的频率能够减少家庭社会地位的劣势对儿童学业发展的影响，在儿童发展早期这种减弱作用更强（Hango，2007）。亲子阅读和亲子交流对四年级学业成绩的影响大于八年级学生（李波，2018）。在父母文化程度方面，蒋洋梅（2020）依托2017年西部某市"义务教育阶段学生质量监测项目"数据研究发现家庭教育投入对于父母受教育程度高的学生积极影响更大。

（二）家长教育与学业参与

家长参与相关研究最早萌芽于18世纪的美国，发展于二战后，直到20世纪美国教师协会成立后才引起较为广泛的关注和重视。由于国情的不同，国外隔代抚养的情况比较少见。在国外研究中，家长参与与父母参与（parent participation/parent involvement）或教育介入（educational intervention）等概念交替使用，对家长和父母这一概念并不做区分（张岚，2017）。本书结合中国国情，关注包括父母在内的家庭成员即家长学业参与对孩子的影响，因此统一使用"家长参与"的表述。

直到目前学界对于家长学业参与概念尚无确切、统一的定义。其中运用最广泛的是教育社会学家科尔曼对家长参与的定义。科尔曼认为家长学业参与是家长在家庭环境和学校环境中做出的能够促进孩子取得更好学业成就和心理发展的多种行为（Coleman，1968），科尔曼还根据社会资本理论将家长参与分为家庭内部学业参与和家庭外部学业参与两类（Coleman，1988），他认为家庭作为社会组织的基本单位，对孩子具有完全的掌控力，并对孩子负有完全的责任，家长对子女教育的参与是儿童成长过程中的重要社会资本，家庭网络的社会闭合（social closure）越好，子女就会得到越丰富的社会资本（Coleman，1968）。此外，社会生态学家布朗芬布伦纳强调个体的发展是个体与所处环境系统之间交互作用的结果，家庭作为个体亲身接触并紧密联系的重要的"微观系统"，必然会对儿童青少年产生影响（Bronfenbrenner，1986；郭筱琳 等，2017）。塞吉纳在布朗芬布伦纳的微观、中观、外层和宏观系统生态框架基础之上重点关注移民群体和少数民族群体，认为家长的教育参与（parent involvement）是一个专业术语，用于描述不同的家长行为实践，包括教育信念、学业成就期望，以及家长在家和学校为了提高孩子教育成果（包括学业成绩和心理健康）而采取的多种行为（Seginer，2006）。国内学者对家长学业参与的定义基本沿用国外学者，其中科尔曼定义易于具体量化，故被许多学者采用（吴重涵 等，2014；李波，2018；吴艺方 等，2013；于冰洁，余锦汉，2020）。

目前，关于家长学业参与影响的研究大多集中于两个方面。一方面，关于家长学业参与对儿童青少年学业成就的影响，这种影响有积极影响（Bronfenbrenner，1986；Castro et al.，2015；Hoover-Dempsey & Sandler，1995；Sui-Chu & Willms，1996），也有学者认为家长过多的干涉、惩罚对改善子女的学业成绩并不奏效，甚至产生负向影响（吴艺方 等，2013；Ciping et al.，2015；Wei，2012），且这种消极影响多见于中国文化背景中（郭筱琳 等，2017）。另一方面，关于家长学业参与与孩子非认知能力和社会化过程的相关性。非认知能力在家长学业参与和学生学业表现之间起到中介作用（李波，2018），家长学业参与也与小学生的自我效能感有显著的相关性（韩仁生 等，2009）。家长学业参与还通过教育期望和自我效能感的调节作用对子女学业成绩产生影响（郭筱琳 等，2017）。还有研究指出，家长学业参与能够促进子女形成良好的学习习惯和较强的自我控制能力，提高孩子的环境适应能力（Gonzalez-DeHass et al.，2005）。

20世纪60年代后期，Coleman对家长教育参与进行了较为明确的界定，认为其是家长在家庭和学校中所做的有利于儿童教育发展以及心理健康发展的行为（Coleman，1968），并且将这些行为划分为基于家庭的教育参与（home-based parent involvement）和基于学校的教育参与（school-based parent involvement）（Coleman，1988）。这种分类有利于量化分析，不少研究基于此定义对家长教育参与进行探讨（吴艺方 等，2013；吴重涵 等，2014；于冰洁，余锦汉，2020）。国内研究对于"父母参与""家长参与""家校合作""教育参与"概念的区分较为明显（张岚，2017）。在中国发展实践中，家长主要指包括父母在内的对儿童有着日常照料、教育作用的家庭成员。

有效的教育参与能够在儿童问题行为产生的过程中起到一定的抑制作用，而不良的教育参与将会增加儿童问题行为的发生概率（Levine et al.，2009）。父母的教育态度对于儿童行为问题有着较为稳定的影响（吕勤 等，2003；Gómez-Ortiz et al.，2016；Pérez-Fuentes et al.，2019）。父母的教育方式、态度对于不同年龄阶段儿童的问题行为有着预测作用，消极的教育方式会导致儿童产生问题行为（陈会昌 等，2004；贾双黛，张洛奕，2020）。与此同时，家庭对于减少儿童不良行为的"保护作用"也被普遍认可。在儿童出现问题行为时，父母积极的教养方式可以有效降低问题行为发生的概率（Schofield et al.，2015；Véronneau & Dishion，2010）。

（三）家庭亲子互动

关注农村儿童发展不仅有利于了解儿童当前福利情况，更有利于把握其未来健康和人力资本状况（Brinkman et al.，2014）。自我认同是儿童心理健康发展的内容之一，是指个体通过与他人或社会的互动，其行为与思想逐渐形成并自觉发展成一致的状况，能为个体的社会生活提供方向感和幸福感（姚上海 等，2011）。个体的自我认同很大程度上取决于与他人的互动关系（Sherwood，1965），儿童的自我认同则是在与"重要他人"的社会互动中逐渐形成的。与他人的社会交往与互动是儿童发展的基础过程，社会互动在儿童塑造与客观世界联系的意识状态和自我感知中扮演重要角色。

社会互动是个体与关系方意愿、需求等进行瞬时交流和反馈的双向控制过程（Tronick et al.，2016），是人类社会基本的运行规则，也是儿童社会化、增强社会性的基础环节。互动具有多种类型，其中亲子互动、朋友互动和师生互动对于儿童的健康成长具有不可替代的意义。家庭是儿童成长的核心场所，儿童与父母的互动作为亲子关系的主要载体，是儿童健康成长的重要条件。除与父母互动外，朋友（同伴群体）及学校老师是与儿童交流互动最多的对象，儿童的学业、心理、社会性等方面的发展都与之有紧密联系。无论哪类社会互动增强，农村儿童都可能因与互动对象关系的深化而提升与其的亲密程度，对包括自我认同在内的心理健康产生积极影响。

农村儿童中包括大量留守儿童，其身心健康发展需要更多关心与关怀。在农村大量青壮年劳动力进城务工的背景下，部分留守儿童难以得到足够的生活照料或亲子互动，其身心健康可能处于不利境地。由于农村家庭相对传统的养育方式，即使是非留守儿童家庭亲子互动不够充分的情况也不少见，学校关怀教育与家庭亲子互动的不足对留守儿童、回流儿童群体的认知、非认知能力都有较大影响（黎煦 等，2019）。在家庭亲子互动不足的情况下，学校成为农村儿童主要的社会互动场所。学校不仅为农村儿童提供正规教育，也为师生互动和同伴群体之间的互动提供了条件。事实上，为促进包括留守儿童在内的农村儿童心理健康发展，政府和多种社会力量正是通过学校这一层面开展相关工作。

从社会学视角看，人生在不同阶段会面临不同的认同危机，自我认同就是社会成员对自身的认知、确认与反思，稳定的自我认同是在解决危机中形成的（Erikson，1968）。自我认同实质是一种自我认知与理解，其发展建立在连贯的、稳定的自我行为之上，主要涉及个体自由选择行为方式以及由此而来的反身性、身体实践的自我实现、信任与安全感三大层次（吉登斯，2016）。个体自我认同的作用是要回答"我是谁"的终极问题，它包括自我同一性的建构、自我归属感的获得和自我意义与价值的追寻三个方面（吴玉军，2005）。自我认同的测量在实践中有不同的方法，但多从不同维度展开，如有研究将自我认同测量内容归纳为自我归属、自我判断和自我发展三个方面（宫淑燕，2015）。影响儿童自我认同的主、客观因素很多，既包括性别、年龄、民族等人口统计学因素，也包括情感互动水平、所在地区、家庭环境、父母文化程度或观念、学习成绩、业余爱好等各类因素（胡韬 等，2013；尹勤 等，2011；王翠丽，2011；熊恋 等，2010；张静 等，2003；Koh et al.，2009）。个体在生命历程的不同阶段都可能产生自我认同相关问题，但儿童和青少年时期生理和心理变化都相对较大，是个体形成良好自我认同的关键阶段。

社会互动指人们之间相互的社会行动。从互动的结构角度看，大部分的互动过程都包括信息沟通、动作的相互作用及资源的转换三方面内容，合作与竞争、互助与冲突、交换与掠夺是社会互动的三种基本方式（胡荣，1993）。儿童的社会化是在社会互动中完成的，因此社会互动的内容、频率和质量在很大程度上会影响儿童的社会化结果和自我认同状态。基于以色列儿童的一项研究表明，对本地儿童来说，父母、老师和同伴对儿童的心理健康和风险行为有显著影响；就移民儿童来说，学校对儿童身心健康起到重要的社会支持作用（Walsh et al.，2010）。

尽管不同标准下的分类各异，但对儿童健康成长有最关键影响的都是个体间的直接互动。与父母之间的亲子互动是儿童社会互动中最基本且不可替代的关系之一。青少年在家庭中与父母进行良好的沟通和交流，会有助于自我认同的形成，安全感在其中起到中介作用，而良好的亲子关系和确定的安全感在很大程度上会促进青少年实现自我认同（王薇 等，2011）。

儿童的心理健康状况也受到亲子互动频率与质量的影响。积极的亲子关系能够为儿童的健康成长提供必要的保护因素，尤其在留守家庭、隔代照料家庭、贫困家庭、单亲家庭等特殊家庭中，这种保护性因素更为重要（吴旻 等，2016）。儿童与朋友等同伴群体的互动过程包含了对自己所习得的行为准则的实践及获得同龄人的反馈，从而对自身社会化发展和意识变化发挥重要作用。良好的同伴关系是发展社会能力、满足社交需要、获取社会支持和安全感的重要环节，并且对于青少年形成健康的自我概念和人格发展具有积极作用，同伴关系发展不良将导致社会适应困难的状况（邹泓，1998）。师生关系是儿童进入学龄期之后需要处理的主要关系之一，有研究表明亲密型的师生关系对小学阶段儿童的自我认同发展具有正向影响（林崇德 等，2001），但也有研究指出师生互动特征对儿童行为和自我意识没有显著影响（Leflot et al.，2010），表明与亲子互动和朋友互动相比，师生互动对儿童心理发展的影响可能更为复杂。

目前中国农村外出务工人口规模依然庞大。父母外出务工导致家庭亲子关系及互动方式发生重要变化，留守儿童多方面的发展情况不理想（Wang et al.，2015）。中国农村留守儿童的身心健康和就学情况处于不利地位（Wang et al.，2015；He，2012），相对而言，双亲家庭儿童社会情绪发展得分显著更高（Wang et al.，2019）。相较于与父母双方同住的孩子，非完整家庭儿童的教育表现和社会心理发展状况更差，家庭结构在一定程度上通过家庭社会经济地位和父母教育参与作用于孩子的发展（吴愈晓 等，2018）。

留守与否以及留守类型可能是影响儿童心理发展的重要因素。万国威等（2020）研究发现留守儿童并未表现出比普通儿童更好的抵抗虐待创伤的能力，不同性别、年龄、监护类型、父母外出情况下留守儿童心理健康状况存在差异（刘琴 等，2011）。与非留守儿童相比，留守儿童的自我意识和幸福满意度都是较低的，这种结果与亲子间的互动交流情况及其他社会互动关系密切相关（高健，2010）。但任强等（2014）研究认为，居住类型实际上对于我国留守儿童心理健康的影响很小，暂时的亲子分离不会给儿童造成困扰。可见，有关留守儿童与非留守儿童心理发展差异的研究结论并非完全一致，这可能与对留守儿童概念的界定、样本代表性、研究过程把控等有关。但可以确定的是，留守儿童的心理发展是学校、社会、父母、监护人与留守儿童自身多方面因素共同作用的结果（叶曼 等，2006）。

（四）家庭教育期望

根据北美心理学家维克托·弗鲁姆 1964 年提出的"过程性期望理论"：如果个体倾向于实现自我的预期目标，那么这个目标就会激发动机促使个体去实现它（Vroom & Victor，1973）。该理论认为，当对于一个想要取得优异成绩的儿童来说，"高分"以及对于未来学习阶段的良好预期会激发他强烈的学习力量和动机，从而推动他取得更高成就。可见，教育期望在一定程度上影响着儿童未来的抱负以及成功方向。韩嘉玲（2014）在比较城市儿童、流动儿童、留守儿童以及农村儿童教育期望时发现，相对于农村儿童以及留守儿童，城市儿童以及流动儿童对自身教育水平有着更高的要求。然而，在我国目前知识经济社会大背景下，农村地区儿童要想实现自身发展、提升自我价值，拥有较高的自身教育期望并为之而努力是必不可少的。

研究发现父母的期望通过影响学生的自我效能感会对学生的学习成绩产生影响（周志强，田宝，2004）。还有研究发现就父母的教养这一个角度，通过在日常亲子间的互动就可以在言传身教中向孩子传递好的生活学习方式，而且通过良好的教育方式可以提高儿童的认知能力，子女的学习态度良好加上父母对子女学习投入的增加，儿童的学业成绩会有显著的提高（王芳芳，李雁杰，2002）。一方面，父母教育期望对青少年的学业发展有着重要的影响作用。家长对子女的教育期望会促使家长为了孩子的教育发展整合自己的各种社会资源。另一方面，父母的教育期望也会对青少年造成一定的期望效应，父母的教育期望对青少年的教育目标的确定和目标的实现有重要的影响。

自我教育期望指的是个体对自己未来最高能够受教育程度的预期。学者在 2003 年针对流动儿童的调查中发现，中国青少年对自身未来所受教育的期望普遍较高（李雅儒 等，2003），这与传统中国文化中重视"读书"有紧密联系。当前，是否接受高等教育也是评价个体未来社会经济地位的基础因素之一。

教育期望对个体的奋斗方向和程度形成激励。研究结果显示，在家庭系统中无论是父母对子女的教育期望还是子女的自我教育期望均是直接、有效且稳定的学业成绩预测指标（蔺秀云 等，2009；Beal et al.，2010）；父母的教育期望作为外部影响因素可以对子女通过间接影响子女的自我教育期望这一内驱力发挥重要作用（Yamamoto & Holloway，2010）。在我国现有的研究中，张春兴（1981）发现父母的教育期望与青少年自我教育期望之间存在一定的一致性，但并非完全一致，两者之间的一致性程度有待研究。王婷和刘爱伦（2005）通过对杭州的中学生进行调查发现，中学生的自我期望与父母对他们的教育期望两者之间存在着显著差异。陈侠和崔红（2009）认为家长与青少年的期望总体来看是比较一致的，但是在某些具体期望上依然存在一定的差异。由此可见，青少年自我期望虽然会受父母期望的影响，但并非与之完全一致。

第三章　家庭结构与农村儿童发展

一、理论视角下的家庭结构与农村儿童发展

　　家庭资源理论有助于解释家庭因素如何影响儿童发展。由家庭经济学延伸出的家庭资源理论强调人力资本投资对于儿童发展的关键作用，父母在儿童成长中投入的时间、经济等资源对儿童教育、健康等方面的影响不可忽视。父母是否对儿童发展投入充足资源，与父母的个性、就业收入状况甚至闲暇偏好都有关，更与家庭结构有关。不同结构类型家庭中的父母所能够投入的资源不同，完整家庭中父亲和母亲与儿童共同居住，其在儿童成长发展过程中的可投入资源更加充分，儿童发展水平更高。有父母高度参与成长的儿童社会功能更强、问题行为更少。非完整家庭中因父母一方或双方缺位导致儿童所获得的投入较少，发展水平相对劣势。

　　家庭对儿童的资源投入通过父母对儿童成长的参与体现。不同特征的父母参与儿童发展的方式不同，但家庭中父母对儿童成长过程的参与无疑起到最为直接和非常重要的作用。从家庭资源投入方面看，儿童发展过程中的父母参与可划分为情感参与和行为参与两类，其影响也可能不同。以儿童教育为例，父母在行为和情感上对儿童的时间倾注是父母参与儿童发展的重要表现，父亲或母亲的行为参与、情感参与对儿童学业表现有显著影响。无论何种参与方式，父母参与和儿童教育表现都是正相关，父母对儿童的教育期望与儿童教育表现强相关，父母为儿童辅导家庭作业带给儿童教育表现的正向影响却相对较弱。在中国农村，不少家庭中的父母因外出务工不得不减少儿童发展中的情感或行为参与，儿童所需要的父母关心、鼓励、陪伴、互动等减少，儿童发展受到消极影响。

　　基于结构功能主义的社会化理论强调家庭是一个结构系统，每个家庭

成员都具有特定功能。社会化视角下父亲和母亲对儿童发展的意义不同。亲子关系开启了儿童进入社会世界的道路，父母各自角色的作用对儿童产生影响。完整的家庭结构应包含父母双亲，双亲家庭在为儿童成长提供经济支持、生活照料、行为监管以及角色模范等方面更具优越性。在儿童的社会化过程中，不仅父母起到示范作用，亲子之间双向交流对儿童的情绪、认知等也非常重要。但是，亲子关系及其影响机制是复杂多样的，社会化也发生在多个方面，每个方面的社会化都要求父母的教养行为与儿童该方面的发展过程相匹配。中国儿童的社会化与父母的价值观念、家庭结构有密切的关系。中国家庭中的父亲和母亲影响儿童发展的侧重点不同，父亲对儿童社会参与有更重要的影响，母亲在日常照料、行为监管等方面承担更多责任。因此，父亲和母亲一方或双方缺位的儿童，在某些方面可能失去更好的发展机会，从而导致不同的发展结果。本章提出待检验的假设如下。

假设 3-1：与完整家庭相比，非完整家庭中儿童的发展水平更低，家庭结构对儿童不同维度的发展影响可能不同。

假设 3-2：父亲缺位或母亲缺位对儿童发展的影响可能不同。

假设 3-3：父母参与在家庭结构影响儿童发展的路径中发挥中介作用，非完整家庭中父母对儿童成长的情感参与和行为参与程度较低，导致较低的儿童发展水平。

二、农村儿童发展评价与家庭结构影响模型

（一）农村儿童发展评价指标体系

本章聚焦微观个体的农村儿童综合发展评价指标体系（见表 3-1）。根据儿童发展基本内涵和中国农村实际情况，构建农村儿童综合发展指数。一级指标包括：健康发展、教育发展、行为发展和社会性发展；各一级指标对应的二级指标包括：身体健康、心理健康（健康发展），学业表现、教育期望（教育发展），行为障碍、品行失范（发展状况），社会技能、自我概念（社会性发展）。全部二级指标构建方式如下。

（1）身体健康。身体健康是儿童发展的基础内容。设置为连续变量，取值为"过去 30 天中分别出现 9 类症状的次数"之和，数值越大表示儿

童身体健康水平越低。

（2）心理健康。心理健康也是儿童健康发展的必要内容。设置为连续变量，赋值为"过去两个星期内对14种心理状态的体验程度"取值之和，数值越大表示儿童心理健康水平越低。

（3）学业表现。儿童在小学时开始接受系统的学校教育，学业成就成为衡量儿童发展的重要方面。设置为连续变量，赋值为"上一次期末考试的语文、数学成绩"之和，分数越高表示学生学业表现越好。

（4）教育期望。当父母对儿童教育期望更强时，父母对学习活动的监管与儿童学业成就关系更强。将教育期望设置为连续变量，赋值为"对自己最高教育程度期望对应的受教育年限"，年限越长表示儿童教育期望越高。

（5）行为障碍。狭义的行为障碍指程度相对严重且直接影响儿童社会功能的习惯或行为。将行为障碍设置为连续变量，赋值为"对自己存在4种正常行为的认同程度"取值之和，数值越大表示儿童行为障碍越少。

（6）品行失范。品行失范（conduct disorder）通常指儿童或青少年出现反复、持久的违反社会道德准则或纪律、侵犯他人或公共利益的行为。中国农村普遍存在儿童托养现象，评价当地儿童发展须考察这一因素。设置为连续变量，赋值为"本学期在学校对其他同学做6类事情的频率"取值之和，数值越大表示儿童品行失范程度越高。

（7）社会技能。社会技能是儿童在具体情境中与他人进行有效交往的能力，缺乏社会技能可能影响儿童心理健康。设置为连续变量，赋值为"过去30天内分别与妈妈、爸爸、朋友、老师谈论自己近况的频率"取值之和，数值越大表示儿童社会技能水平越高。

（8）自我概念。自我概念是对自己的认识和评价，是儿童社会化过程的重要成果。设置为连续变量，赋值为"对7项陈述与自己情况的符合程度"取值之和，得分越高表示儿童自我概念发展越好。

表 3-1　农村儿童综合发展评价指标体系

指数	一级指标（权重）	二级指标（权重）	测量问题
农村儿童综合发展	健康发展（47%）	身体健康（26%）	过去30天中分别出现以下9类症状次数之和：发烧/感冒/咽喉疼痛、呼吸困难/气短/哮喘、拉肚子、眼部感染、牙痛、头痛、肚子痛、摔伤/扭伤/磕碰、其他疾病
		心理健康（21%）	过去两个星期内儿童对以下14种心理状态的体验程度（由弱到强赋值1~3）取值之和：不高兴、自己情况糟、事情没处理好、遇到倒霉事、恨自己、想哭、有烦恼的事、自己长相不好看、感到累、感到孤独、上学无趣、缺少朋友、不如其他儿童好、不被人喜欢
	教育发展（19%）	学业表现（15%）	在调查时点前一次的学校期末考试中，语文、数学成绩（百分制）之和
		教育期望（4%）	对自己最高教育程度期望对应的受教育年限（小学、初中、高中/中专/职高、大学及以上，分别赋值为6、9、12和16）
	行为发展（15%）	行为障碍（2%）	对自己存在以下4种行为的认同程度（由低到高赋值1~6）取值之和：①如果需要，我可以集中精力很好地完成一件事情；②大多数时候，我在和他人发生冲突时能控制自己的情绪；③我在动用其他家庭成员的东西前会征求他们的同意；④我不需要提醒就能保持房间的干净整洁
		品行失范（13%）	本学期在学校对其他同学做以下6类事情的频率（由低到高赋值1~6）取值之和：①给同学起绰号且辱骂或嘲笑同学；②非开玩笑地打、踢、推、撞同学；③强迫同学做不喜欢的事情；④故意抢夺或损坏同学物品；⑤散布同学谣言或说其坏话；⑥阻止同学和其他人的交往
	社会性发展（19%）	社会技能（5%）	在过去30天内分别与妈妈、爸爸、朋友、老师谈论自己近况的频率（由低到高赋值1~6）取值之和
		自我概念（14%）	与自己情况的符合程度（由低到高赋值1~5）取值之和：总体来说觉得自己好、满意当前情况、喜欢现在的生活状况、有自信、喜欢自己、有自豪感、认为自己将来有作为

在构建上述各指标的基础上，使用主成分分析法确定各指标权重，具体包括三个步骤。

第一步，负向指标正向化。农村儿童发展指数的量化原则是指数越高表示儿童发展水平越高。为消除负向指标的影响，对原儿童身体健康、心理健康、品行失范二个负向指标进行正向化处理。公式如下：

$$X'_{ij} = \max\{X_{ij}\} - X_{ij}$$

第二步，数据标准化。各二级指标取值范围不同，使用各指标原始值除以平均值进行数据标准化。公式如下：$Y_{ij} = \dfrac{X_{ij}}{\overline{X}}$

第三步，确定权重。经计算 KMO 值为 0.758>0.7，显著性水平 sig<0.001（df＝28），各二级指标适合做主成分分析。基于样本数据对各二级指标进行主成分分析，得到各成分特征值、方差贡献率以及累计方差贡献率，提取累计方差解释率约为 84% 的前 6 个主成分，以其方差贡献率为权重对各指标在这 6 个主成分线性组合中的系数进行加权平均，得到儿童综合发展指数。即公式：

$C = (0.217\,1 \times \mathrm{Comp1} + 0.389\,2 \times \mathrm{Comp2} + 0.442\,9 \times \mathrm{Comp3} - 0.259\,6 \times \mathrm{Comp4} - 0.672\,4 \times \mathrm{Comp5} - 0.214\,6 \times \mathrm{Comp6})/0.840\,9$

对指数模型中的系数进行归一化处理，得到各二级指标在指数模型中的权重，一级指标的权重等于该维度内各二级指标权重之和。使用标准化后的数据和上述指标权重，计算得到样本中每个农村儿童的综合发展指数和健康发展指数、教育发展指数、行为发展指数和社会性发展指数。最后将各指数值根据其在样本中的相对大小进行标准化处理，取值范围限定在 0~100 之间，即若儿童健康发展指数为 0，表示其健康水平相对最低，综合发展指数为 100，表示其综合发展水平相对最高。

（二）变量和样本描述

在衡量农村儿童综合发展状况时，以计算得到的农村儿童综合发展指数为被解释变量。在考察儿童某一方面发展状况时，分别将儿童的健康发展指数、教育发展指数、行为发展指数、社会性发展指数作为被解释变量。

核心解释变量是家庭结构。是否与父母同住对小学阶段儿童的成长有直接影响，本章使用儿童与父母的居住安排形式反映家庭结构，主要有四种类型：①完整家庭，儿童与父母双方共同居住，赋值为 1；②父亲缺位家庭，儿童仅与母亲共同居住，赋值为 2；③母亲缺位家庭，儿童仅与父亲共同居住，赋值为 3；④双亲缺位家庭，父母双方都不与儿童共同居住，赋值为 4。其中，后三类统称为非完整家庭。

检验父母的情感参与、行为参与在家庭结构影响农村儿童发展过程中的中介作用。情感参与变量赋值为"8种父母在情感方面关心孩子的方式分别在儿童实际生活中发生的频率"取值之和，行为参与变量赋值为"5种父母在行为方面关心孩子的方式分别在儿童实际生活中发生的频率"取值之和。

控制变量包括儿童个体及家庭特征，包括性别、年龄、儿童自评健康、亲子关系、父母婚姻关系、同辈群体质量。

本章分析使用 Z 县调查数据，去除其中变量缺失值较多的观测值，最终样本量为 616 个。样本描述统计结果见表 3-2。

表 3-2　样本描述统计

变量	均值	标准差	最小值	最大值	频次（占比）
被解释变量					
儿童综合发展指数	61.79	17.46	0	100	
儿童健康发展指数	81.96	13.92	0	100	
身体健康	9.45	10.07	0	64	
心理健康	18.78	3.79	14	36	
儿童教育发展指数	70.5	18.12	0	100	
学业成绩	139.44	31.67	17	190	
教育期望	13.66	1.09	7	16	
儿童社会性发展指数	55.31	19	0	100	
社会技能	11.62	4.74	4	24	
自我概念	27.04	5.65	9	35	
儿童行为发展指数	69.94	11.82	0	100	
品行障碍	28.12	3.28	6	30	
行为障碍	18.41	4.13	4	48	
核心解释变量					
家庭结构：完整家庭（参照）					261（42.37%）
父亲缺位家庭					116（18.83%）
母亲缺位家庭					39（6.33%）
双亲缺位家庭					200（32.47%）
中介变量					
情感参与	59.23	22.59	0	100	

表3-2(续)

变量	均值	标准差	最小值	最大值	频次（占比）
行为参与	55.68	25.44	0	100	
控制变量					
性别：男（参照）					307（49.84%）
女					309（50.16%）
年龄	13.34	0.47	13	14	
自评健康：差（参照）					10（1.62%）
一般					11（1.79%）
好					55（8.93%）
很好					268（43.51%）
极好					272（44.15%）
同辈群体质量	1.05	0.46	0.1	1.64	
亲子关系：总是（参照）					10（1.62%）
经常					129（20.94%）
有时					136（22.08%）
很少					186（30.20%）
从不					155（25.16%）
父母婚姻关系：总是（参照）					24（3.90%）
经常					28（4.55%）
有时					84（13.64%）
很少					273（44.31%）
从不					207（33.60%）

注：1. 情感参与赋值由以下8种父母在情感方面关心孩子的方式实际发生频率取值求和得到原指数值（频率由低到高赋值1~5），并根据其在样本中的相对大小进行标准化处理，最终范围限定在0~100：1为做错事时问清原因并讨论正确做法；2为鼓励努力做事；3为和气地与你说话；4为鼓励你独立思考；5为要你做事时说明原因；6为喜欢与你说话交谈；7为表扬；8为批评。

2. 行为参与赋值由以下5种父母在行为方面关心孩子的方式实际发生的频率取值求和得到原指数值（频率由低到高赋值1~5），并根据其在样本中的相对大小进行标准化处理，最终范围限定在0~100：1为询问学校情况；2为检查作业；3为辅导功课；4为一起活动（如下棋、游玩）；5为参加家长会。

3. 性别指标为男性赋值1，女性赋值2。

4. 自评健康用儿童自己陈述的总体健康状况测量，回答差、一般、好、很好、极好分别赋值5、4、3、2和1。

5. 亲子关系用儿童和父亲或母亲吵架的频率测量，频率由低到高分别赋值1~5。

6. 父母婚姻关系用儿童父亲和母亲吵架的频率测量，频率由低到高分别赋值1~5。

7. 同辈群体质量：针对4类积极表现和4类消极表现，询问儿童最好的朋友中（不超过5人）符合每一类情况的同伴规模。4类积极表现为①学习成绩优良；②鼓励你做你父母希望你做的事；③在你心情不好的时候逗你开心；④给你关怀和注意。4类消极表现为①逃课、旷课、逃学；②打架；③退学；④鼓励你做危险的事。针对每一类表现，没有同伴符合取值0，有1~2个符合取值1，有3~5个符合取值2。把符合每一类积极表现的同伴规模取值加总，再把符合每一类消极表现的同伴规模取值加总，前者除以后者，作为变量同辈群体质量的取值，数值越大表示符合积极表现的同伴规模相对越大，同辈群体质量越高。

（三）模型

首先，以家庭结构为解释变量、农村儿童综合发展指数为被解释变量，构建基准模型，检验家庭结构对农村儿童发展的影响。其次，分别以儿童健康发展指数、教育发展指数、行为发展指数、社会性发展指数为被解释变量，以家庭结构为解释变量构建模型，分别检验家庭结构对农村儿童健康、教育、行为、社会性四个方面发展的影响。模型构建如下：

$$Y_i = \partial + \sum_{k=1}^{n} \beta_{k1} X_{ki} + \varepsilon_1$$

其中，Y_i 为被解释变量，表示第 i 个儿童的发展水平。X_{ki} 指第 i 个儿童的第 k 个个体层次的变量（包括家庭结构、性别、年龄等控制变量），β_{k_1} 指第 k 个个体层面的回归系数，α 为固定截距，ε_1 则为随机扰动项。

常用检验中介效应的方法主要包括因果逐次回归法和 Bootstraps 法。因果逐次回归法适用条件严格（主效应存在才能继续检验），且家庭结构变量属于分类变量的情况，因此，本章采用 Bootstraps 法检验父母情感参与和行为参与在家庭结构影响农村儿童发展过程中的中介效应。根据多分类解释变量（$K \geqslant 3$）中介分析过程，选择参照水平，对解释变量进行虚拟编码，然后建立回归模型。具体模型结果如下：

$$Y = i_1 + c_1 D_1 + c_2 D_2 + \cdots + c_{k-2} D_{k-2} + c_{k-1} D_{k-1} + \varepsilon_2$$
$$M = i_2 + a_1 D_1 + a_2 D_2 + \cdots + a_{k-2} D_{k-2} + a_{k-1} D_{k-1} + \varepsilon_3$$
$$Y = i_3 + c'_1 D_1 + c'_2 D_2 + \cdots + c'_{k-2} D_{k-2} + c'_{k-1} D_{k-1} + bM + \varepsilon_4$$

其中，D_1，D_2，…，D_{k-1} 分别代表对 k 个水平解释变量进行重新编码之后的 $k-1$ 个虚拟变量；Y 为被解释变量；M 代表中介变量；c_1，c_2，…，c_{k-1} 表示 $k-1$ 个相对总效应；c'_1，c'_2，…，c'_{k-1} 代表 $k-1$ 个相对直接效应。

根据多分类解释变量的中介效应（Mediation Analysis of Categorical Variables）分析流程，先进行整体中介效应检验，若整体中介效应不显著，则表示不存在中介效应；若整体中介效应显著，则检验相对中介效应，分析具体哪一个或哪一些相对效应显著；若相对中介效应显著，则分析结束，否则报告相应的相对直接效应检验显著性结果。借助软件进行基于百分位Bootstrap法的多类别解释变量中介效应检验。

三、家庭结构对农村儿童发展影响的实证分析

根据调查数据，Z县农村非完整家庭比例不低，有57.63%的儿童生活在父母双方或一方外出的家庭中。样本中儿童综合发展指数分布情况见图3-1。616个儿童综合发展指数平均值为61.79，标准差为17.46。方差分析结果显示Z县农村儿童发展存在显著差异（ $F = 5.50$, $P < 0.001$ ）。

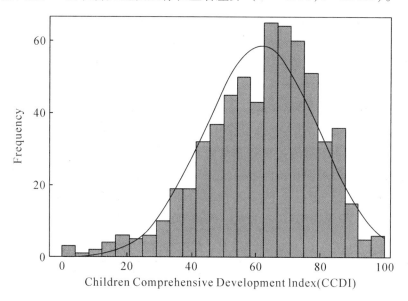

图 3-1　样本儿童综合发展指数分布

完整、父亲缺位、母亲缺位、双亲缺位4类家庭中，儿童健康指数中位数由高到低依次是87.04、85.65、84.50和82.27（方差分析 $F = 3.99$, $P < 0.001$ ），儿童社会性发展指数中位数由高到低依次是60.88、56.18、54.18和51.90（方差分析 $F = 4.194$, $P < 0.01$ ），不同类型家庭儿童的健康发展、社会性发展表现出明显差异。不同类型家庭中农村儿童教育发展

指数（$F = 1.11$，$P > 0.05$）、行为发展指数（$F = 1.00$，$P > 0.05$）未表现出显著差异。4 类家庭中，父母的情感参与指数中位数由高到低依次是62.50、62.50、56.25 和 56.25（方差分析 $F = 6.173$，$P < 0.001$），父母行为参与指数中位数由高到低依次是 60.00、55.00、50.00 和 45.00（方差分析 $F = 10.30$，$P < 0.0001$），不同类型家庭中儿童父母的情感参与和行为参与状况都表现出显著差异。

（一）家庭结构对农村儿童发展的影响

模型 1 至模型 5 分别是以儿童综合发展指数和四个方面的发展指数为被解释变量的 OLS 模型结果，见表 3-3。模型 1 显示，在控制儿童个体及家庭特征后，母亲缺位家庭和双亲缺位家庭中儿童的综合发展水平明显低于完整家庭儿童，与完整家庭儿童相比，母亲缺位家庭儿童综合发展指数平均低 5.70（$P < 0.05$），双亲缺位家庭儿童综合发展指数平均低 5.49（$P < 0.01$）。模型 2 结果显示，完整家庭中儿童的健康发展水平显著高于父母一方或双方缺位家庭的儿童。与完整家庭相比，父亲缺位家庭、母亲缺位家庭和双亲缺位家庭农村儿童健康发展指数分别平均低 2.86（$P < 0.05$）、4.46（$P < 0.05$）和 4.99（$P < 0.001$）。模型 3 和模型 4 结果显示，在农村儿童教育发展、行为发展方面，完整家庭与非完整家庭类的儿童未表现出显著差异。模型 5 结果表明，儿童社会性发展方面，农村完整家庭中儿童的社会性发展水平显著高于其他类型家庭，父母一方缺位或双亲缺位对农村儿童社会性发展存在负向影响。父亲缺位家庭、母亲缺位家庭、双亲缺位家庭的农村儿童社会性发展指数分别比完整家庭儿童低 6.23（$P < 0.01$）、5.93（$P < 0.05$）和 8.50（$P < 0.001$）。由此，假设 3-1 得到验证。

表 3-3　家庭结构对农村儿童发展影响的 OLS 回归结果

变量	模型 1	模型 2	模型 3	模型 4	模型 5
	综合发展	健康发展	教育发展	行为发展	社会性发展
家庭结构					
（参照组）完整家庭					
父亲缺位家庭	-2.96	-2.86*	-0.36	-1.09	-6.23**
母亲缺位家庭	-5.70*	-4.46*	-4.82	-0.45	-5.93*
双亲缺位家庭	-5.49***	-4.99***	-0.48	-0.39	-8.50***
控制变量	已控制	已控制	已控制	已控制	已控制

表3-3(续)

变量	模型 1	模型 2	模型 3	模型 4	模型 5
	综合发展	健康发展	教育发展	行为发展	社会性发展
常数项	26.25	28.36***	56.87***	39.60***	23.61
R 方	0.27	0.16	0.09	0.09	0.18
F 值	24.74***	12.58***	6.94***	6.68***	14.56***

注：* 表示 $P<0.05$，** 表示 $P<0.01$，*** 表示 $P<0.001$；表中数值为回归系数；控制变量包括年龄、性别、儿童自评健康、同辈质量、亲子关系、婚姻关系。

实证分析表明，家庭结构对农村儿童发展存在显著影响，父母一方缺位或双方缺位都可能导致儿童健康发展、社会性发展水平降低。母亲缺位以及父母双方缺位对儿童综合发展水平有消极影响。由于父亲和母亲在家庭中所扮演角色及其功能的差异，父亲缺位和母亲缺位家庭之间也存在差异。一方面，父亲缺位家庭儿童和母亲缺位家庭儿童健康发展指数分别比完整家庭的儿童低 2.86 和 4.46，母亲缺位比父亲缺位带给儿童健康发展的负向影响更大。另一方面，父亲缺位家庭儿童和母亲缺位家庭儿童社会性发展分别比完整家庭儿童低 6.23 和 5.93，父亲缺位比母亲缺位带给儿童社会性发展的负向影响更大。假设 3-2 得到实证支持。

（二）父母情感参与和行为参与的中介作用

基于 Bootstraps 法建立多分类解释变量中介效应模型，以完整家庭为参照，对其他家庭类型进行虚拟编码（D_1，D_2，D_3），分别建立回归方程检验父母情感参与、行为参与在家庭结构影响农村儿童发展过程中的中介效应。

（1）父母情感参与。以完整家庭为参照，整体中介效应检验（见图 3-2）在 95% 显著性水平的 Bootstrap 置信区间为 [0.27，0.39]，不包括 0，表明三类家庭的相对中介效应不全为 0，进一步分析如下：

第一，父亲缺位家庭的相对中介效应在 95% 显著性水平的 Bootstrap 置信区间为 [-2.60，0.27]，包括 0，相对中介效应不显著。

第二，母亲缺位家庭的相对中介效应在 95% 显著性水平的 Bootstrap 置信区间为 [-6.19，-1.49]，不包含 0，相对中介效应显著，大小为 -3.68（$a_2=-11.14$，$b=0.33$，$a_2b=-3.68$），即与完整家庭儿童相比，母亲缺位家庭儿童的父母情感参与程度低 11.14 个单位，由此导致母亲缺位家庭儿童综合发展指数更低。相对总效应显著（$c_2=-5.70$，$P<0.01$），但与完整

家庭相比，母亲缺位家庭对农村儿童综合发展的相对直接效应不显著（$c_2' = -2.01$，$P > 0.01$），表明父母情感参与是唯一的中介变量。

第三，双亲缺位家庭相对中介效应在95%显著性水平的置信区间为[-3.23，-0.58]，不包含0，相对中介效应显著，大小为-1.81（$a_3 = -5.49$，$b = 0.33$，$a_3b = -1.81$），即与完整家庭儿童相比，双亲缺位家庭儿童的父母情感参与程度低5.49个单位，成长于双亲缺位家庭儿童的综合发展指数更低。相对直接效应显著（$c_3' = -3.67$，$p < 0.01$），表明排除中介效应作用后双亲缺位家庭儿童的综合发展指数比完整家庭儿童低3.67；相对总效应显著（$c_3 = -5.49$，$p < 0.01$），相对中介效应a_3b的效果量是32.96%（-1.81/-5.49）。

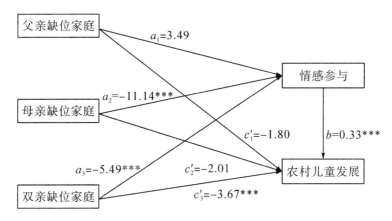

图 3-2 父母情感参与在家庭结构与农村儿童发展之间的中介效应模型

可见，父母情感参与在家庭结构对农村儿童发展的影响路径中发挥中介效应，但此效应仅限于母亲缺位家庭和双亲缺位家庭。相对于完整家庭而言，母亲缺位家庭和双亲缺位家庭父母情感参与程度较低，农村儿童综合发展水平更低，假设3-3得到部分验证。在传统的中国农村家庭中，即使是由父母双亲同时陪伴成长，在对儿童情感投入、生活照料等方面仍是母亲发挥更大作用，因此父亲缺位家庭中的儿童所能感受到的父母情感投入与完整家庭儿童并无太大差异。母亲缺位家庭通过影响父母对儿童的情感参与程度来影响儿童发展，与完整家庭相比母亲缺位家庭中儿童由于父母情感参与程度较低而降低其发展水平。与完整家庭相比，由于父母外出务工等原因产生的双亲缺位家庭中，与儿童的物理距离制约了父母对孩子的情感投入，从而双亲缺位家庭儿童综合发展指数显著更低。

（2）父母行为参与。以完整家庭为参照，整体中介效应检验（见图 3-3）在 95% 水平的 Bootstrap 置信区间为 [0.16，0.27]，不包括 0，表明三个相对中介效应不全为 0，进一步分析如下：

第一，父亲缺位家庭的相对中介效应在 95% 显著性水平的 Bootstrap 置信区间为 [-2.38，-0.16]，不包括 0，相对中介效应显著，大小为 -1.21（$a_1 = -5.51$，$b = 0.22$，$a_1b = -1.21$），即与完整家庭相比，父亲缺位家庭中父母对儿童发展的行为参与程度低 5.51 个单位，儿童发展指数低 0.22。相对直接效应不显著（$c_1' = -1.75$，$P > 0.01$），相对总效应不显著（$c_1 = -2.96$，$P > 0.01$）。

第二，母亲缺位家庭相对中介效应在 95% 的 Bootstrap 置信区间为 [-4.01，-0.53]，不包括 0，相对中介效应显著，大小为 -2.17（$a_2 = -9.85$，$b = 0.22$，$a_2b = -2.17$），即与完整家庭相比，母亲缺位家庭中父母对儿童发展的行为参与程度低 9.85 个单位，儿童发展指数低 0.22。相对总效应显著（$c_2 = -5.70$，$P < 0.01$），母亲缺位家庭对儿童发展的相对直接效应不显著（$c_2' = -3.54$，$P > 0.01$），表明在此维度父母行为参与是唯一的中介变量。

第三，双亲缺位家庭相对中介效应在 95% 水平的 Bootstrap 置信区间为 [-3.44 -1.27]，不包括 0，相对中介效应显著，大小为 -2.29（$a_3 = -10.41$，$b = 0.22$，$a_3b = -2.29$），即与完整家庭相比，双亲缺位家庭中父母对儿童发展的行为参与程度低 10.41 个单位，儿童发展指数低 0.22。相对直接效应显著（$c_3' = -3.21$，$P < 0.01$），表明排除中介效应的作用后，双亲缺位家庭儿童的发展指数比完整家庭儿童低 3.21。相对总效应显著（$c_3 = -5.49$，$P < 0.01$），相对中介效应 a_3b 的效果量是 41.71%（-2.29/-5.49）。

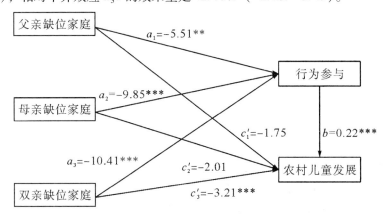

图 3-3　父母行为参与在家庭结构与农村儿童发展之间的中介效应模型

父母行为参与在家庭结构对农村儿童发展的影响过程中发挥中介效应，相对于完整家庭，父亲缺位家庭、母亲缺位家庭、双亲缺位家庭父母对儿童发展的行为参与程度更低，三类家庭中儿童的综合发展水平也更低，假设 3-3 得到验证。在父母一方缺位家庭中，由于母亲或父亲对儿童功课指导等行为参与程度较低，使得在父亲缺位家庭和母亲缺位家庭儿童的综合发展指数显著低于完整家庭儿童。父母一方缺位家庭在教养儿童方面承担比完整家庭更大的时间压力，由于父亲或母亲一方的时间主要配置在工作中而非家庭中，这在一定程度上降低了家庭中总体的亲子关系质量，父母对儿童的关心、互动、陪伴等减少，从而不利于儿童发展。对于双亲缺位家庭，父母双方与子女的物理距离不利于维持正常的亲子关系，甚至导致有效亲子互动或关心陪伴的缺失，从而使儿童综合发展陷入更不利的境地。

（三）稳健性检验

从两方面展开实证结果的稳健性检验。一是将家庭结构变量由四分类调整为完整家庭和非完整家庭两分类，父亲缺位家庭、母亲缺位家庭及双亲缺位家庭统称为非完整家庭，以此二分类解释变量对被解释变量进行回归，并检验中介机制；二是随机抽取总样本的 50% 作为子样本再次拟合模型，观察家庭结构对农村儿童发展的影响以及父母情感参与、行为参与在其中的中介作用。

1. 替换解释变量

分别以农村儿童综合发展指数、健康发展指数、教育发展指数、行为发展指数、社会性发展指数为被解释变量，以二分类的家庭结构为解释变量，进行 OLS 回归分析。检验结果如表 3-4 所示。非完整家庭中儿童的综合发展指数比完整家庭儿童低 4.68，这种差异在 $P < 0.001$ 的水平下显著；非完整家庭儿童的健康发展指数、社会性发展指数也分别比完整家庭儿童低 4.22 和 7.31，且差异在 $P < 0.001$ 的水平下显著。即无论是综合发展水平，还是健康发展或社会性发展水平，完整家庭和非完整家庭的儿童都存在显著差异。加入父母情感参与和行为参与变量，对两中介机制进行稳健性检验。结果表明，父母情感参与的中介效应存在且大小为 -1.81，总效应显著且大小为 -4.68，父母情感参与的中介效应占总效应的 38.68%，父母行为参与的中介效应存在且大小为 -1.92，总效应显著且大小为 $c =$

-4.68，父母情感参与的中介效应占总效应的 41.03%。可见，父母情感参与和行为参与在家庭结构影响农村儿童发展中的中介作用机制稳健。

表 3-4　家庭结构对农村儿童发展稳健性检验（重分类解释变量）

变量	模型 1	模型 2	模型 3	模型 4	模型 5
	综合发展	健康发展	教育发展	行为发展	社会性发展
家庭结构					
（参照组）完整家庭					
非完整家庭	-4.68***	-4.22***	-0.95	-0.63	-7.31***
控制变量	已控制	已控制	已控制	已控制	已控制
常数项	-5.56	27.02***	56.40***	40.05***	22.86
R 方	0.27	0.15	0.09	0.09	0.17
F 值	31.49***	15.89***	8.60***	8.56***	18.36***

注：* 表示 $P<0.05$，** 表示 $P<0.01$，*** 表示 $P<0.001$；表中数值为回归系数；控制变量包括年龄、性别、儿童自评健康、同辈质量、亲子关系、婚姻关系。

2. 子样本回归

随机选择样本的 50% 即 314 个个案作为子样本，以家庭结构为解释变量、农村儿童综合发展指数为被解释变量进行回归分析（见表 3-5）。结果表明，双亲缺位家庭儿童的健康发展、社会性发展和综合发展指数分别较完整家庭儿童低 4.78、6.12 和 6.40（$P<0.001$）。与完整家庭儿童相比，非完整家庭儿童健康发展、社会性发展更易陷入不利状况，进而影响儿童综合发展水平。

表 3-5　家庭结构对农村儿童发展稳健性检验（50% 样本）

变量	模型 1	模型 2	模型 3	模型 4	模型 5
	综合发展	健康发展	教育发展	行为发展	社会性发展
家庭结构					
（参照组）完整家庭					
父亲缺位家庭	-3.44	-2.46	-1.62	-3.35	-3.94
母亲缺位家庭	-5.11	-2.37	-3.21	-3.08	-4.14
双亲缺位家庭	-6.40***	-4.78***	-0.84	-2.07	-6.12***
控制变量	已控制	已控制	已控制	已控制	已控制
常数项	-1.57	37.51***	29.64***	37.55***	28.77

表3-5(续)

变量	模型 1	模型 2	模型 3	模型 4	模型 5
	综合发展	健康发展	教育发展	行为发展	社会性发展
R 方	0.32	0.20	0.12	0.11	0.21
F 值	15.78***	8.71***	4.43***	4.29***	8.92***

注：* 表示 $P < 0.05$，** 表示 $P < 0.01$，*** 表示 $P < 0.001$；表中数值为回归系数；控制变量包括年龄、性别、儿童自评健康、同辈质量、亲子关系、婚姻关系。

首先，对作为中介变量的情感参与进行检验。整体中介效应显著，与完整家庭相比，父亲缺位家庭、母亲缺位家庭和双亲缺位家庭都因父母情感参与程度更低而导致儿童综合发展水平更低，中介效应大小分别是 −2.49、−4.14 和 −1.86，中介效应量分别是 38.91%、64.69% 和 28.44%。其次，对作为中介变量的行为参与进行检验。整体中介效应显著，与完整家庭相比，父亲缺位家庭、母亲缺位家庭和双亲缺位家庭都因父母行为参与程度更低导致儿童综合发展水平更低，中介效应大小分别是 −1.56、−2.57 和 −1.62，中介效应量分别是 24.38%、40.16% 和 25.44%。

四、本章小结

与许多发展中国家或地区类似，中国西部的农村家庭结构处在剧烈变迁当中，家庭结构呈现多元化趋势。以中国西部劳务输出大县 Z 县为例，农村仅有约 42.37% 的儿童与父母双亲共同居住，约 32.47% 的儿童与父母双方不在一起居住。对于青壮年人口普遍外出务工的中国农村来说，家庭结构变化对儿童发展的影响非常值得关注。

基于 Z 县的调查数据分析结果表明，成长于母亲缺位家庭与双亲缺位家庭儿童的综合发展水平低于完整家庭儿童，儿童综合发展水平在父亲缺位家庭与完整家庭之间未表现出显著差异。在抚育儿童成长的过程中，母亲往往承担较多的照料责任，花费更多时间、精力在孩子成长上，家庭中母亲是否缺位对于儿童发展具有关键影响。若从健康、教育、行为、社会性四个方面评估，中国农村儿童发展受家庭结构影响也存在一定的异质性。无论是父母一方缺位还是双方缺位，非完整家庭的农村儿童健康发展水平和社会性发展水平都显著低于完整家庭儿童，教育发展水平、行为发展水平在非完整家庭和完整家庭的儿童之间未表现出显著差异。

对中国农村来说，在家庭结构对儿童发展产生影响的过程中，父母对儿童成长的情感参与和行为参与具有显著的中介作用。Z县的情况证实了这个结论。一方面，与完整家庭儿童相比，母亲缺位家庭或双亲缺位家庭中父母在儿童成长过程中的情感参与程度较低，农村儿童综合发展水平也更低。父母情感参与的中介效应在完整家庭和父亲缺位家庭之间未表现出显著差异。在父母陪伴中成长的儿童能及时感受到父母积极的情感投入，包括得到肯定或鼓励、谈论校园话题等，这些积极的亲子情感参与会对子女产生强烈的正向反馈，促进儿童各方面良好发展。由于父亲更不善情感表达以及母亲生活照料更细致入微等原因，母亲是否缺位对儿童成长过程中父母情感参与程度有决定性影响。即使不与父亲共同居住，儿童也能从母亲处得到一定的情感关怀，从而不至于导致其与完整家庭儿童存在显著发展差距。另一方面，无论是父母一方缺位还是双方缺位，非完整家庭中父母在儿童成长过程中的行为参与程度较低，因此农村儿童综合发展水平也更低。在完整家庭中，父母有相对充足的时间及精力实际参与到子女成长过程中，如辅导作业、共同游戏等，这些积极的亲子行为对于促进儿童各方面发展具有积极作用。

从中国西部的Z县情况来看，是否与父母共同居住确实是影响儿童发展的关键因素；尽管父亲和母亲可能发挥不同的作用，但在成长过程中因缺少父母陪伴而导致父母情感参与或行为参与程度较低，这对农村儿童发展具有消极影响。

第四章 农村儿童认知能力：家庭教育期望对学业成绩的影响

一、理论视角下的家庭教育期望与农村儿童学业成绩

（一）学业成绩与学习投入

学业成绩与教育期望密切相关。小学是儿童个体发展的一个重要转折期。在这个特殊的时间段，儿童进入学校接受区别于家庭教育的系统教育，学习逐步取代游戏成为其主导活动。学业成绩由此成为衡量儿童发展的重要方面之一。研究发现，学业成绩不仅反映了儿童当前学习阶段的成果，还是儿童学习能力的重要表现。在我国现在所施行的义务教育体制下，学业成绩是评价儿童综合素质发展状况以及未来升学可能的重要依据。在我国广大农村地区，教育是当地儿童改变未来生活环境以及提升自身人力资本水平最有效的途径之一，在四川农村地区也依然如此。关注农村儿童学业成绩，促进学业进步在一定程度上对农村地区人力资本的积累有着非常重要的作用。

学习投入概念的提出可以追溯到 20 世纪 80 年代，最初是指学生为学习活动的投入，主要包含情感和行为两方面的投入。学习投入被认为是学生学习成果积极表现不可忽略的决定因素（Connell et al., 1994）。针对家长对其子女学习投入的研究更多关注的是亲子双方都需要投入时间以及情感的亲子互动，研究中多以亲子互动实际时间投入、亲子互动频率，以及对子女教育资源的投入进行考察。教育资源更多的是指为子女购买书籍、学习用具和课外辅导费用支出等。对于儿童和青少年在发展领域的研究也

显示亲子间代际互动具有中介作用（Caughy et al.，1994）。许多实证研究已经证明亲子间互动对其子女的学业表现有积极影响（刘保中 等，2015）。在蔺秀云等学者针对流动儿童学业表现的研究中发现，父母教育期望与子女自我教育期望存在显著差异，而且流动儿童的学习投入在教育期望差异、父母的教育投入和自己的学业表现之间起到完全中介作用（蔺秀云等，2009）。综合以上研究，本章从情感、物质和时间三个角度来衡量学习投入，其中，亲子互动频率、孩子拥有课外学习书籍的数量、课后学习时间的投入均属于学习投入。

同伴群体是"重要他者"的核心元件，通常发挥着"榜样"的作用，对学生的教育和职业期望、对待学业的态度和成就动机起着决定性的作用，并最终对学生的教育获得和成就产生影响（Haller & Butterworth，1960；Sewell，1968）。柯尔曼在《青少年社会》书中提出：在青少年群体中存在着与成年人文化不同的亚文化，作为同辈群体，青少年间的互相影响会更容易。而且，同伴群体对学生的学习成就的影响比教师和学校影响更大（Coleman，1965）。有研究考察了同伴社会资本对青少年学业成绩的影响，发现了同伴群体通过对青少年个体的价值观和行为产生影响并最终影响青少年的学业成就，而且还提出伴随着时间发展，同阶层同伴群体的影响有逐渐增强的趋势（程诚，2017）。

自我效能感与学业成绩有紧密联系。学业自我效能感是学生的自我效能感在学习领域的具体与延展，可以反映学生的学习动机。更高的自我效能感有利于学生建立良好的学业自我观念，且往往会提高其自身的教育期望（Gasser et al.，2004；Rottinghaus et al.，2002）。

以往的研究发现同伴群体与学生的自我效能感都会对青少年的学习动机产生影响。同伴群体对个体的影响像硬币的两面，具有正向和负向的影响，具体表现为同伴群体个人具有比较与规范两种功能（Merton，1975）。同伴群体的影响的外在表现就像亚当·斯密在《道德情操论》中所强调的"近朱者赤"现象。由此可见同伴群体对青少年学业成绩发挥着重要的作用。同伴群体与自我效能感都对学业成绩产生一定的影响，且都会影响青少年的学习动机，本章将探究同辈群体、自我效能感在儿童的教育期望和学业成绩中是否具有中介影响效应。本章中的学习动机由自我效能感与同辈群体影响构成。

（二）教育期望

虽然教育期望并不能对青少年的未来发挥决定性的作用，但是作为一种激励性的心理能量，教育期望可以驱动青少年积极谋取学业上的优秀表现。看护人的教育期望和自我的教育期望也是儿童对自我社会角色的定位。在代际互动中，父母如果对子女投入更多的关注和理解，就更容易让子女形成更高水平的自尊和自我效能感，有助于孩子建立良好的学业自我观念，也会提高子女自身的教育期望（Gasser et al.，2004；Rottinghaus et al.，2002）。看护人、同伴群体作为儿童成长过程中的重要他人，会用映照出来的教育期望内化巩固自我教育期望，并在行动上反映出来，最终将在学业成绩上表现出来。家庭教育也可以理解为家长和子女之间通过符号进行互动的社会行为，这种社会互动的影响会在儿童的认知能力、性格特点、道德标准以及学业成绩等多个方面反映出来。看护人依据孩子的特点，运用与之相适应的符号进行家庭教育，这有利于家庭成员之间建立良性的互动模式，构建融洽和谐的家庭氛围，最终促进子女全面协调发展。

教育期望通常分为现实教育期望和理想教育期望两大类，国内研究者通常都没有对这两种概念进行区分（宋保忠，王平川，2014）。看护人对于家庭实际情况有清晰的认知，会更加偏向现实教育期望。而青少年的教育期望更多的是从与父母、同辈的社会互动中获得，更多偏向理想教育期望。在作者看来，看护人的教育期望相对于自我教育期望更偏向于外在期望，会更多考虑外在实际情况；而自我教育期望则更多是发自内心，没有过多考虑现实情况。

儿童对未来自己的最高教育程度有一定的期望，儿童的看护人也会对其未来的最高受教育程度抱有一定的期望。本章把教育期望区分为看护人对农村儿童最高受教育程度的期望和农村儿童对自身将来受教育程度的预期，即看护人教育期望和农村儿童自我教育期望。教育期望会受到儿童自我效能感、身边重要他人（看护人、同辈群体）态度和行为的影响，进而带来儿童学业投入、学习动机行为的变化，最终影响学业成绩。

从社会角色理论、期望效应理论来看，看护人的教育期望、儿童的自我教育期望都会对儿童学业成绩产生影响。可以推论，自我教育期望和看护人教育期望会对看护人和儿童的社会行为产生不同程度的影响，这些影响最终会在儿童学业成绩方面表现出来。

亲子间社会互动的频率，对学业投入资源的多少，儿童对学业自我效能感以及同辈群体对儿童自我教育期望的影响，最终都会在儿童学业成绩上有所体现。因此本章拟提出作用于教育期望和学业成绩关系间的两条中介作用机制：第一，教育期望影响看护人和儿童的学业投入，进而影响其学业成绩表现；第二，教育期望对儿童学业动机产生影响，作用于其学业成绩。

（三）研究假设

基于以上分析，本章提出待检验的研究假设如下。

假设4-1：看护人教育期望、儿童自我教育期望对儿童学业成绩具有正向影响。

假设4-2：看护人教育期望、儿童自我教育期望间的差异对儿童学业成绩具有负向影响。

假设4-3：学习投入在看护人教育期望、儿童自我教育期望对学业成绩的影响路径中存在中介作用。

假设4-4：学习动机在看护人教育期望、儿童自我教育期望对学业成绩的影响路径中存在中介作用。

假设4-5：看护人和儿童教育期望差异对儿童学业成绩的影响路径中，学习投入具有中介作用。

假设4-6：看护人和儿童教育期望差异对儿童学业成绩的影响路径中，学习动机具有中介作用。

二、教育期望影响农村儿童学业成绩的分析策略和模型

（一）数据、模型和分析步骤

本章同时使用四川省 Z 县、S 县的农村儿童发展专项调查数据。儿童数据、班主任数据资料各 2 044 份（Z 县 1 112 份、S 县 932 份），儿童实际看护人数据资料 1 380 份（Z 县 654 份、S 县 726 份）。剔除关键变量缺失的样本后，将儿童样本与看护人样本进行匹配，获得 617 组农村儿童与其看护人数据。

本章先探讨教育期望对农村儿童学业成绩的影响，再重点分析学习投

入、学习动机在此过程中的影响和作用。本章实证分析模型中的变量为分类变量，以儿童学业成绩作为被解释变量，以看护人教育期望、儿童自我教育期望，以及其他人口统计学变量为解释变量建立 Logistic 回归模型。在此基础上，分析学习投入、学习动机在教育期望影响儿童学业成绩中的作用，分析看护人教育期望、儿童自我教育期望对儿童学业成绩的影响，以及学习投入、学习动机在教育期望与儿童学业成绩之间关系的调节作用。

（二）变量

1. 被解释变量

小学阶段是儿童个体发展的一个重要转折期，在这个特殊的时间段，儿童进入学校接受区别于家庭教育的系统教育，学习逐步取代游戏成为其主导活动。学业成绩成为衡量儿童发展的重要因素。学业成绩不仅反映了儿童当前学习阶段的成果，还是儿童学习能力的重要表现。在我国义务教育制度下，学业成绩是评价儿童综合素质发展状况以及未来升学可能的重要依据。鉴于数据可得性，儿童的学业成绩通过学校记录获得，为被试学生在五年级上学期的语文、数学两科的期末成绩。先将学生成绩信息记录不全的数据剔除，然后将语文成绩数学成绩分别划分为四分类：第一类为"不及格 $1 \leqslant 60$"、第二类为"中 $60 < 2 \leqslant 75$"、第三类为"良 $75 < 3 \leqslant 85$"、第四类为"优 $85 < 4 \leqslant 100$"。

2. 解释变量

看护人教育期望通过主要看护人问卷"您希望（孩子）的教育程度能够达到什么程度？"的问题测量，该问题选项为：1"小学"、2"初中"、3"高中、中专/职高"、4"大学"、5"研究生"。为对应儿童自我教育期望数据，将看护人对儿童的教育期望分为四类，第一类为小学；第二类为初中；第三类高中、中专；第四类为大学及以上。

儿童的自我教育期望通过青少年问卷"你希望自己的教育程度是?"的问题进行测量，该问题选项为：1"小学、没想过或不清楚"、2"初中"、3"高中、中专/职高"、4"大学及以上"。根据数据情况将儿童对自己的教育期望分为四类：第一类是小学、没想过或不清楚；第二类为初中；第三类为高中、中专；第四类为大学及以上。

3. 中介变量

根据相关理论，本章待检验的中介变量是学习投入和学习动机。本章拟定了两条可能作用于学业成绩的中介机制，一是教育期望影响看护人和儿童的学业投入，进而影响儿童学业成绩表现；二是教育期望对儿童的学业动机产生影响，进而影响儿童学业成绩。教育期望、学业成绩与中介变量关系见图4-1。

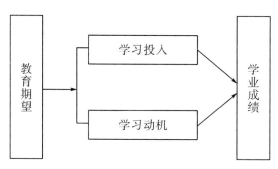

图4-1　教育期望、学业成绩与中介变量关系图

（1）学习投入。学习投入主要由儿童问卷中课后学习时间、课外书籍数量、家庭亲子互动频率三个指标共同反映，三个问题如下，一是"课后学习时间（如做作业和阅读）"；二是"除了教科书你大约有多少本书?"答案为：1没有、2有1~5本、3有6~10本、4有11本或更多；三是"家长和你一起做活动（如下棋、游玩）"，答案为：1"从不"、2"极少"、3"有时"、4"经常"、5"总是"。将课后学习时间划分为两大类，低（少于等于30分钟）编码为1，高（30分钟以上）编码为2；课外书数量低（小于5本）编码为1，高（大于等于11本）编码为2；亲子互动频率低（从不、极少）编码为1，中（有时）编码为2，高（经常、总是）编码为3。

（2）学习动机。学习动机主要由优质同辈群体数量、自我效能感来测量。采用青少年问卷中的"你有几个学习成绩优异的好朋友?"测量成绩优秀同辈群体数量，0表示"没有"，1表示"有一到两个这样的"，2表示"三到五个这样的"。采用青少年问卷中的"在学校表现好对你重要吗?""你觉得自己能尽力完成已经开始做的事情吗?""我对自己很有信心"测量自我效能感，选项有三类，1表示"不是"，2表示"有时是"，3表示"是"，得分越高则表示自我效能感越高。将优质同伴群体进行编码，小于等于两人编码为 1，三至五人编码为 2；自我效能感低（完全不符合、不太符合）编码为 1，中（有些符合）编码为 2，高（比较符合、非常符合）编码为 3。

4. 控制变量

本章主要研究的是看护人教育期望和儿童自我教育期望对儿童学业成绩的影响，模型的控制变量设定主要考虑家庭背景相关变量和人口学变量。家庭财富水平和学生的学业成绩之间存在相关性（庞维国 等，2013）。家庭背景变量包括看护人的教育地位和经济状况，主要依据父母受教育程度和家庭收入情况来测量。将父母受教育程度分为两类：第一类为初等教育（没接受过教育、小学、初中），第二类为中高等教育（高中、中专/职高、大学及以上）；家庭经济状况分为四类，第一类家庭年收入为两万元以下，第二类家庭年收入为二到四万元，第三类家庭年收入为四到六万元，第四类家庭年收入为六万元以上。有研究发现，存在性别偏好的父母有不同的教育期望，从而造成儿童学业成绩在性别间的差异（张月云，谢宇，2015）。是否留守在亲子互动频率、儿童课外书籍获得数量、课后学习时间等方面的差异也可能影响儿童学业成绩，父母受教育程度和家庭经济状况对子女学业成绩的影响差异也被普遍认同。

人口学变量包括性别（男性编码为 0，女性编码为 1）。学生性别也会对学业成绩产生影响，兄弟姐妹数量与学业成绩二者之间虽然存在着负相关关系，但是没有表现出性别差异（张月云，谢宇，2015）。考虑到农村儿童成长环境的差异有可能对其教育期望和学业成绩产生影响，还加入了留守情况作为控制变量，第一类为双亲家庭，第二类为单亲父亲家庭，第三类为单亲母亲家庭，第四类为双亲缺位家庭。

三、家庭教育期望对农村儿童学业成绩影响的实证分析

（一）样本描述

解释变量为自我教育期望和看护人教育期望，频次分布见表 4-1。其中，自我教育期望以大学及以上居多，占 56.68%，表明大部分学生对自己未来所受教育程度都有较高的期望；对于自己的教育期望表示"没想过和小学"的相对较低，占 26.87%，说明依然有一部分学生对自身未来发

展认识不清，没有认识到教育可能会给自己和家庭的未来带来改变，对自我未来教育没有一个较为清晰的规划。另外，看护人教育期望的选择情况显示，大多数看护人的教育期望是大学生，占比 48.23%，而有约 28.48% 的看护人认为孩子上高中、中专就很好，还有 14.76% 的看护人对孩子期望较高，希望孩子能上研究生。

表 4-1　解释变量的频次分布

解释变量	选项	频次	百分比（%）	解释变量	选项	频次	百分比（%）
自我期望	1＝小学	165	26.87	看护人期望	1＝小学	12	2.49
	2＝初中	26	4.23		2＝初中	29	6.03
	3＝高中、中专	75	12.21		3＝高中、中专	137	28.48
	4＝大学及以上	348	56.68		4＝大学及以上	303	62.99

注：看护人期望（合）中看护人是以父母为实际看护人在内的所有看护人。

农村地区接受高等教育越来越成为广大农村儿童及其家庭的共同目标。实证结果与已有研究结果基本一致（刘守义 等，2008），大部分农村儿童的自我教育期望和看护人教育期望均为高中、中专及以上。随着我国社会经济的发展和义务教育在农村地区普及，大部分农村家庭都可以负担孩子上学相关费用，也允许孩子有时间和精力进入学校接受教育。对于大部分农村儿童而言，他们及其家庭对将来所接受教育的预期也不再仅仅局限于完成义务教育。为了有机会获得未来更好的发展，他们会选择较高层次的教育目标。在中国的传统文化中存在"万般皆下品，唯有读书高""书中自有黄金屋，书中自有颜如玉"等观念，都是在强调学习和接受教育的重要性。受传统文化和终身学习社会观念的影响，农村家庭对教育的重视程度普遍较高。因此，大部分农村儿童及其看护人都将接受高等教育作为在未来社会竞争中获得工作机会、更好适应社会发展、在社会阶层流动中获得相对优势的重要路径之一。

农村儿童自我教育期望与看护人教育期望之间仍然存在着一定差异，主要为看护人教育期望相对较高而儿童自我教育期望相对较低，或看护人的教育期望较低但儿童自我教育期望较高。

表 4-2 中，被解释变量为学生的学业成绩，分为语文成绩和数学成绩。其中语文成绩以中（60~75 分）和良（75~85 分）居多，分别占 39.87%和 31.77%；而数学成绩和语文成绩的分布相比较，主要以不及格

（小于60）和优（高于85）居多，分别占28.36%和27.39%，表明学生在数学成绩表现上相对分化严重。

表4-2 被解释变量的频次分布

被解释变量	选项	频次	百分比（%）	被解释变量	选项	频次	百分比（%）
语文成绩	1 不及格<60	121	19.61	数学成绩	1 不及格 <60	175	28.36
	2 中 60≤2<75	246	39.87		2 中 60≤2<75	139	22.53
	3 良 75≤3<85	196	31.77		3 良 75≤3<85	134	21.72
	4 优 85≤3≤100	54	8.75		4 优 85≤3≤100	169	27.39

表4-3给出了中介变量的频次分析，有学习投入和学习动机两部分。其中学习投入主要由课外学习时间、课外书数量和亲子互动频率构成，而学习动机主要由自我效能感和优质同辈群体数量组成。可以看出，在学习投入方面，57.70%的学生课外学习时间少于30分钟，96.43%的学生课外书数量少于5本，而50.08%的学生的家庭从不或极少进行亲子互动，说明整体学习投入较低；在学习动机方面，56.98%的学生自我效能感高，而59.64%的学生身边的学习优秀的优质同辈数量少于2人。

表4-3 中介变量频次分析

中介变量	选项	频次	百分比（%）	中介变量	选项	频次	百分比（%）
优质同辈群体数量	1=2人及以下	368	59.64	课外学习时间	1=低（少于30分钟）	356	57.70
	2=3~5人	249	40.36		2=高（多于30分钟）	261	42.30
亲子互动频率	1=低（从不、极少）	309	50.08	自我效能感	1=低（完全不符合、不太符合）	58	9.52
	2=中（有时）	111	17.99		2=中（有些符合）	204	33.50
	3=高（经常、总是）	197	31.93		3=高（比较符合、非常符合）	347	56.98
课外书数量	1=低（<5）	595	96.43				
	2=高（≥11）	22	3.57				

从表4-4控制变量的频次分析结果来看，学生男女分布大致平均，他们的父亲有63.37%受过初等教育或没有接受过教育，36.63%受过中高等教育，他们的母亲有79.09%受过初等教育或没有受过教育，有20.91%受过中高等教育。其中，双亲家庭占39.40%，单亲母亲家庭占23.18%，双

亲缺位家庭占 31.62%。可以看出大部分学生家庭的社会文化资源水平不高，大部分学生处于单亲或双亲缺位家庭，留守儿童占了一大部分。父母陪伴缺失直接带来的就是亲子间社会互动的缺失、对儿童教育的忽略、无法及时感受孩子身心的健康发展，长此以往可能会影响孩子学业及其身心的发展。从家庭经济状况来看，两万元及以下占 40.84%，六万元以上占 32.25%，表明大部分学生家庭经济状况不佳，部分经济状况良好的家庭却没有时间或精力给孩子提供良好的家庭教育氛围或社会文化资源。

表 4-4 控制变量频次分析

控制变量	选项	频次	百分比（%）	控制变量	选项	频次	百分比（%）
性别	0＝男	307	49.92	性别	1＝女	308	50.08
父亲教育程度	1＝初等教育（初中及以下）	391	63.37	母亲教育程度	1＝初等教育（初中及以下）	488	79.09
	2＝中高等教育（高中、专/职高、大学及以上）	226	36.63		2＝中高等教育（高中、专/职高、大学及以上）	129	20.91
是否留守	1＝双亲家庭	238	39.40	家庭经济状况	1＝两万元及以下	252	40.84
	2＝单亲父亲家庭	35	5.79		2＝二到四万元（含）	97	15.72
	3＝单亲母亲家庭	140	23.18		3＝四到六万元（含）	69	11.18
	4＝双亲缺位家庭	191	31.62		4＝六万元以上	199	32.25

（二）教育期望对儿童学业成绩的直接效应检验

考虑到不同成绩段的孩子以学习能力和学习情况作为被解释变量有各自的差异，根据学生成绩分布合理分区间进行讨论分析。当孩子学业成绩划分以后，语文成绩、数学成绩均作为多分类变量。由于学业成绩的提升变化有多种情况，比如长时间停留在某一分数段后因为其他原因出现成绩突升或突降，或成绩稳步进步或慢慢降低、根据考试发挥情况和考题水平而出现成绩忽高忽低，针对不同分数段的学生建立概率模型，不将学业成绩的大小顺序作为排序依据，而在某次考试结束后各成绩段彼此独立的假设下建立多项分类的 Logistic 回归模型。

综合成绩 Y 为语文成绩和数学成绩的平均分所处分数段，分别为"不及格—中""中—中""中—良""良—良""良—优"和"优—优"，多项分类 Logistic 模型如下所示（以下均用事件发生比表示，即 odds）：

$$\frac{P\left(Y=\text{不及格}-\text{中}\mid x\right)}{P\left(Y=\text{不及格}\mid x\right)}=e^{f_1(x)}，\text{其中，}f_1(x)=w_{10}+w_{11}x_1+\cdots+w_{1n}x_n$$

$$\frac{P\left(Y=\text{中}\mid x\right)}{P\left(Y=\text{不及格}\mid x\right)}=e^{f_2(x)}，\text{其中，}f_2(x)=w_{20}+w_{21}x_1+\cdots+w_{2n}x_n$$

$$\frac{P\left(Y=\text{中}-\text{良}\mid x\right)}{P\left(Y=\text{不及格}\mid x\right)}=e^{f_3(x)}，\text{其中，}f_3(x)=w_{30}+w_{31}x_1+\cdots+w_{3n}x_n$$

$$\frac{P\left(Y=\text{良}\mid x\right)}{P\left(Y=\text{不及格}\mid x\right)}=e^{f_4(x)}，\text{其中，}f_4(x)=w_{40}+w_{41}x_1+\cdots+w_{4n}x_n$$

$$\frac{P\left(Y=\text{良}-\text{优}\mid x\right)}{P\left(Y=\text{不及格}\mid x\right)}=e^{f_5(x)}，\text{其中，}f_5(x)=w_{50}+w_{51}x_1+\cdots+w_{5n}x_n$$

$$\frac{P\left(Y=\text{优}\mid x\right)}{P\left(Y=\text{不及格}\mid x\right)}=e^{f_6(x)}，\text{其中，}f_6(x)=w_{60}+w_{61}x_1+\cdots+w_{6n}x_n$$

控制变量为性别、父母教育程度、学生是否留守儿童以及家庭经济状况等。下文模型分析中均省略控制虚拟变量的系数估计。

模型均选择最低教育期望类别作为解释变量基准参照类，被解释变量语文成绩、数学成绩和综合成绩均选择最差成绩类别为基准参照类（见表4-5）。

1. 语文、数学成绩多分类 Logistic 模型

表4-5　分成绩模型拟合结果表

	model1a			model2a		
	语文 成绩中	语文 成绩良	语文 成绩优	数学 成绩中	数学 成绩良	数学 成绩优
自我 教育期望	1. 323 ** (3. 28)	1. 484 *** (4. 29)	1. 948 *** (4. 13)	1. 320 ** (3. 12)	1. 498 *** (4. 33)	1. 728 *** (5. 89)
看护人 教育期望	–	–	–	–	–	–
控制变量	已控制			已控制		
Pseudo R2	5. 69%			4. 98%		
LR chi2	86. 36 ***			82. 42 ***		
	model1b			model2b		
	语文 成绩中	语文 成绩良	语文 成绩优	数学 成绩中	数学 成绩良	数学 成绩优
自我 教育期望	–	–	–	–	–	–

表4-5(续)

	model1a			model2a		
	语文成绩中	语文成绩良	语文成绩优	数学成绩中	数学成绩良	数学成绩优
看护人教育期望	1.588** (3.15)	2.371*** (5.18)	2.166** (3.16)	1.528** (2.71)	1.322 (1.88)	2.149*** (4.82)
控制变量	已控制			已控制		
Pseudo R2	7.57%			4.69%		
LR chi2	90.50***			60.63***		
	model1c			model2c		
	语文成绩中	语文成绩良	语文成绩优	数学成绩中	数学成绩良	数学成绩优
自我教育期望	1.379** (3.21)	1.476*** (3.61)	1.892*** (3.65)	1.194 (1.77)	1.394** (3.19)	1.548*** (4.16)
看护人教育期望	1.507** (2.74)	2.264*** (4.81)	2.067** (2.91)	1.466* (2.43)	1.274 (1.61)	2.035*** (4.39)
控制变量	已控制			已控制		
Pseudo R2	9.36%			6.36%		
LR chi2	111.50***			81.87***		

注:表中系数估计值均为 exp(b)形式即 OR 值,表示相对风险系数;表中凡同一模型标记均隶属同一模型;* 表示 $P<0.05$,** 表示 $P<0.01$,*** 表示 $P<0.001$。

自我教育期望对语文成绩和数学成绩的影响均表现出正相关性,自我教育期望越高,孩子语文成绩和数学成绩都表现得越好,成绩为优的概率最高,成绩为良次之,成绩为中最低。

因为无论是语文成绩还是数学成绩,成绩优作为被解释的模型的自我教育期望系数估计值高于成绩良作为被解释的模型,并且成绩良作为被解释的模型的自我教育期望系数估计值高于成绩中作为被解释的模型。由此可知,自我教育期望对农村儿童的数学成绩和语文成绩可能具有促进作用。

通过以上分析可以看出,看护人教育期望对儿童语文成绩的影响表现为:与语文成绩为不及格的儿童相比,看护人教育期望程度越高,儿童语文成绩获得良的可能性大于优;而对数学成绩的影响是看护人教育期望越高,孩子数学成绩获得优的可能性大于中,并在统计学意义上不一定能影响孩子获得良的可能性。

在看护人教育期望对语文成绩影响的模型中，分类是优的看护人教育期望系数估计值大于分类是中的看护人教育期望系数估计值，分类是中的看护人教育期望系数估计值大于分类是良的看护人教育期望系数估计值。在看护人教育期望对数学成绩影响的模型中，分类是优的看护人教育期望系数估计值大于分类是中的看护人教育期望系数估计值，分类是良的看护人教育期望系数估计值的显著性并没有通过 Z 检验。所以当孩子的语文成绩低于良时，和语文成绩为不及格的孩子相比，看护人教育期望越高，对农村儿童获得更高的语文成绩越有积极作用；当孩子的语文成绩高于良时，看护人的教育期望对儿童获得更高的语文成绩有抑制作用，即可能"适得其反"。

2. 成绩加总综合成绩模型

考虑到儿童语文、数学成绩偏科比较普遍的情况，如出现语文成绩表现为优，而数学成绩却为不及格的情况，分别测量的教育期望对学科成绩反映会不够全面。为了更加全面综合考虑，加入语文成绩数学成绩加总的综合成绩，来更加全面反映教育期望对农村儿童学业成绩的影响（见表4-6）。综合成绩表现顺序为：语文成绩—数学成绩。如：综合成绩 优秀—良，则表示该学生语文成绩为优，数学成绩为良。

表4-6　语文、数学及加总综合成绩模型拟合结果表

模型一	不及格—中	中—中	中—良	良—良	良—优	优—优
自我教育期望	1.143 (1.18)	1.470** (3.32)	1.456** (3.37)	1.760*** (4.73)	1.840*** (4.98)	1.974*** (3.52)
控制变量	已控制					
Pseudo R2	5.67%					
LR chi2	129.51***					
模型二	不及格—中	中—中	中—良	良—良	良—优	优—优
看护人教育期望	1.769** (2.87)	1.912** (3.22)	1.848** (3.23)	2.227*** (4.23)	2.769*** (4.95)	3.310** (3.39)
控制变量	已控制					
Pseudo R2	6.61%					
LR chi2	117.82***					

表4-6(续)

模型三	不及格—中	中—中	中—良	良—良	良—优	优—优
自我 教育期望	1.238 （1.64）	1.348* （2.25）	1.378** （2.52）	1.692*** （3.92）	1.754*** （4.03）	1.831** （2.86）
看护人 教育期望	1.739** （2.75）	1.787** （2.85）	1.797** （3.05）	2.121*** （3.89）	2.618*** （4.59）	3.033** （3.26）
控制变量	已控制					
Pseudo R2	8.18%					
LR chi2	145.11					

注：表中系数估计值均为 exp（b）形式，表示相对风险系数。* 表示 $P<0.05$，** 表示 $P<0.01$，*** 表示 $P<0.001$。

整体而言，教育期望越高，孩子的综合学业成绩表现越好；但当仅有看护人教育期望作用时，对于综合学业成绩为中—良的学生并没有产生积极效果，反而会对儿童的学业成绩表现产生"适得其反"的效果。

3. 教育期望差异对学科成绩的影响

教育期望差异赋值定义：这里将不同阶段的教育期望之间的差异形态当作各自独立的分类变量，将自我教育期望和看护人教育期望均划分为 1：初中及以下，2：高中，3：大学及以上。两类不同期望组合后可以得到表4-7的9种分类情况。

表4-7　教育期望差异编码表

教育期望 差异类别	自我 教育期望	看护人 教育期望	教育期望 差异类别	自我 教育期望	看护人 教育期望
1	初中及以下	初中及以下	6	大学及以上	高中
2	高中	初中及以下	7	初中及以下	大学及以上
3	大学及以上	初中及以下	8	高中	大学及以上
4	初中及以下	高中	9	大学及以上	大学及以上
5	高中	高中			

按照自我教育期望和看护人教育期望的不同情况进行教育期望相比差异的编码，将自我教育期望为初中及以下和看护人教育期望为初中及以下的情况编码为1，将自我教育期望为高中和看护人教育期望为初中及以下的情况编码为2，将自我教育期望为大学及以上和看护人教育期望为初中

及以下的情况编码为3，将自我教育期望为初中及以下和看护人教育期望为高中的情况编码为4，将自我教育期望为高中和看护人教育期望为高中的情况编码为5，将自我教育期望为大学及以上和看护人教育期望为高中的情况编码为6，将自我教育期望为初中及以下和看护人教育期望为大学及以上的情况编码为7，将自我教育期望为高中和看护人教育期望为大学及以上的情况编码为8，将自我教育期望为大学及以上和看护人教育期望为大学及以上的情况编码为9。

4. 教育期望差异分别对语文、数学成绩的影响

表4-8为不同教育期望对语文成绩的影响。数据显示，教育期望差异为5（自我教育期望高中、看护人教育期望高中）、6（自我教育期望大学及以上、看护人教育期望高中）、8（自我教育期望高中、看护人教育期望大学及以上）、9（自我教育期望大学及以上、看护人教育期望大学及以上）分为在$P<0.05$、$P<0.01$、$P<0.001$的水平下显著，这说明教育期望对中等语文成绩的孩子有促进作用。可以理解为看护人和儿童两者间教育期望都达到高中及以上级别，两者间教育期望差异越小，越有利于儿童展现出较好的语文成绩。

表4-8 语文成绩模型拟合结果表

变量	语文成绩中	语文成绩良	语文成绩优
教育期望 差异5	4.856 * （2.00）		
教育期望 差异6	6.590 ** （2.94）		
教育期望 差异8	5.595 ** （2.67）		
教育期望 差异9	6.640 *** （3.41）		
控制变量	已控制		
Pseudo R2	8.93%		
LR chi2	135.99		

注：表中系数估计值均为 exp（b）形式即 OR 值，表示相对风险系数；表中凡同一模型标记均隶属同一模型；* 表示$P<0.05$，** 表示$P<0.01$，*** 表示$P<0.001$；表中空格处省略了不具统计显著性的回归系数。

表4-9为不同教育期望对数学成绩的影响。结果表明，教育期望差异4、5、6、8、9（自我教育期望低于或等于看护人教育期望）对良的数学成绩的孩子有显著的促进作用，教育期望差异6（自我教育期望大学及以上、看护人教育期望高中）、7（自我教育期望初中及以下、看护人教育大学及以上）、9（教育期望均为大学及以上）对数学成绩优的孩子有显著的促进作用。可以理解为看护人和儿童两者间教育期望差异越小，越有利于儿童展现出较好的数学成绩。

表4-9　数学成绩模型拟合结果表

变量	数学成绩中	数学成绩良	数学成绩优
教育期望差异4		6.189* (2.17)	
教育期望差异5		7.985* (2.09)	
教育期望差异6		9.054** (2.63)	9.598* (2.02)
教育期望差异7			8.281* (1.97)
教育期望差异8		5.755* (2.04)	
教育期望差异9		15.245*** (3.43)	47.792*** (3.64)
控制变量	已控制		
Pseudo R2	9.08%		
LR chi2	150.80		

注：表中系数估计值均为 exp（b）形式即 OR 值，表示相对风险系数；表中凡同一模型标记均隶属同一模型；* 表示 $P<0.05$，** 表示 $P<0.01$，*** 表示 $P<0.001$；表中空格处省略了不具统计显著性的回归系数。

5. 教育期望差异对综合成绩的影响

表4-10为教育期望对综合成绩的影响结果。数据显示，教育期望差异6（自我教育期望大学及以上、看护人教育期望高中）、9（教育期望均为大学及以上）分别在 $P<0.05$、$P<0.01$ 和 $P<0.05$、$P<0.001$ 的水平下显著，这表明教育期望6、9对综合学业成绩中等的孩子有显著的促进作用；教育期望差异编号4、6、8、9（看护人教育期望高于或等于自我教育期

望）分别在 $P<0.05$、$P<0.01$、$P<0.001$ 的水平下显著，对中—良的综合学业成绩的孩子有显著的促进作用；教育期望差异6（自我教育期望大学及以上、看护人教育期望高中）、8（自我教育期望高中、看护人教育期望为大学）、9（教育期望均为大学及以上）对良—良的综合学业成绩的孩子有显著的促进作用。综合以上研究数据，对上面的结果进行文字简述，可表述为：若看护人和儿童两者之间的教育期望都达到高中及以上级别，两者间教育期望差异越小，越有利于儿童表现出更好的学业综合成绩。

表4-10　综合成绩模型拟合结果表

变量	不及格-中	中-中	中-良	良-良	良-优	优-优
教育期望差异4			5.903*(1.99)			
教育期望差异6	5.509*(2.07)		8.374*(2.29)	23.581**(2.73)		
教育期望差异8			9.143*(2.37)	10.825*(2.00)		
教育期望差异9	5.843*(2.36)		21.538***(3.63)	51.400***(3.59)		
控制变量	已控制					
Pseudo R2	9.75%					
LR chi2	223.19					

注：表中系数估计值均为 exp（b）形式即 OR 值，表示相对风险系数；表中凡同一模型标记均隶属同一模型；* 表示 $P<0.05$，** 表示 $P<0.01$，*** 表示 $P<0.001$；表中空格处省略了不具统计显著性的回归系数。

（三）教育期望影响农村儿童学业成绩路径中的中介因素

1. 学习投入、学习动机对路径的影响检验

学习投入和学习动机的计算公式均是有序分类变量，其值大小即分别表示学习投入、学习动机的高低程度。基于方杰、温忠麟（2014）在《类别变量的中介效应分析》所提出的多分类解释变量的中介效应分析流程（见图4-2），应当先进行整体中介效应分析，若整体中介效应不显著，则表示 $k-1$ 个相对中介效应全部为0，中介效应不存在，分析结束。若整体中介效应显著，则对相对中介效应进行分析，弄清楚具体哪一个或者哪一些相对效应显著，若相对中介效应显著，则分析结束。否则报告相应的相

对直接效应检验的显著性结果。

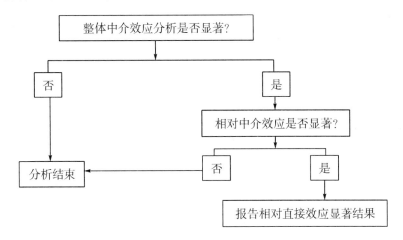

图4-2　多类别解释变量的中介分析流程图

　　表4-11为教育期望对学习投入的影响分析。学习投入的赋值采用综合孩子课外书数量、课外学习时间、亲子互动频率三方面指标综合评判，通过计分形式将学习投入分为5个等级类别，分别对应为极低学习投入、低学习投入、中等学习投入、高学习投入和极高学习投入。采用有序多分类 Logistic 模型，选择极低的学习投入作为模型被解释变量的基准类。分析发现，自我教育期望对高学习投入有显著的正向影响，显著水平为1%。可以理解为自我教育期望越高，孩子学习投入高的可能性越大。

表4-11　教育期望对学习投入的影响

变量	低学习投入	中学习投入	高学习投入	极高学习投入
自我 教育期望	1.001 (0.01)	1.191 (1.76)	1.396 ** (2.73)	5.699 (1.37)
看护人 教育期望	0.874 (−0.98)	1.082 (0.53)	1.119 (0.65)	0.023 (−1.55)
控制变量	已控制			
Pseudo R2	4.53%			
LR chi2	58.65			

注：** 表示 P<0.01。

　　表4-12为教育期望对学习动机的影响。学习动机的赋值考量了优秀同伴数量和自我效能感两大因素，通过计分形式将学习动机划分为4个等级类

别，分别对应极低学习动机、低学习动机、中学习动机和高学习动机。

选择极低的学习动机作为各自模型被解释变量的基准类。从表4-12中可以看出，自我教育期望对高水平学习动机有正向的促进作用，显著水平为5%，看护人教育期望对中等水平学习动机、高水平学习动机均有显著的促进作用，显著水平分别为5%和1%。

表4-12　教育期望对学习动机的影响

变量	学习动机	学习动机	学习动机
自我教育期望	0.989 (-0.07)	1.214 (1.34)	1.405* (2.18)
看护人教育期望	1.363 (1.40)	1.645* (2.31)	2.003** (3.00)
控制变量	已控制		
Pseudo R2	5.37%		
LR chi2	62.26*		

注：* 表示 $P<0.05$，** 表示 $P<0.01$。

2. 教育期望、学习投入与学习动机对学业成绩的影响

为分析影响学业成绩的中介机制，纳入自我教育期望、看护人教育期望、学习投入、学习动机进行分析。表4-13为语文、数学成绩的直接路径检验结果。可以看到学习投入并没有显著影响语文或数学成绩，学习动机对语文、数学成绩的影响较小。

表4-13　语文、数学成绩的直接路径检验结果表

变量	语文成绩			数学成绩		
	中	良	优	中	良	优
自我教育期望	1.357** (2.98)	1.406** (3.08)	1.720** (3.01)	1.143 (1.31)	1.356** (2.87)	1.446** (3.40)
看护人教育期望	1.472* (2.53)	2.168*** (4.46)	1.881* (2.46)	1.403* (2.12)	1.232 (1.36)	1.898*** (3.85)
学习投入	1.059 (0.14)	1.175 (0.37)	1.074 (0.12)	1.065 (0.16)	1.029 (0.07)	1.283 (0.64)
学习动机	1.570 (1.38)	2.489* (2.57)	6.491** (3.44)	2.099* (2.24)	1.801 (1.80)	3.586** (3.79)

表4-13(续)

变量	语文成绩			数学成绩		
	中	良	优	中	良	优
控制变量	已控制			已控制		
PseudoR2	10.80%			7.77%		
LR chi2	127.49***			99.13***		

注:* 表示 $P<0.05$,** 表示 $P<0.01$,*** 表示 $P<0.001$。

表4-14 为上述 4 个变量对综合成绩的影响分析。模型采用有序多分类 Logistic 模型,选择最低教育期望、极低学习投入和极低学习动机作为解释变量。教育期望分类变量虚拟化处理后的基准参照类,被解释变量综合成绩选择最差成绩为基准参照类。

表 4-14 综合学业成绩影响因素分析表

变量	综合成绩不及格—中	综合成绩中—中	综合成绩中—良	综合成绩良—良	综合成绩良—优	综合成绩良—优
自我教育期望	1.240 (1.61)	1.321* (2.05)	1.343* (2.25)	1.639*** (3.62)	1.635*** (3.43)	1.697* (2.40)
看护人教育期望	1.750** (2.73)	1.778** (2.77)	1.718** (2.74)	2.054*** (3.65)	2.493*** (4.23)	2.717** (2.80)
学习投入	1.074 (0.13)	1.660 (0.94)	0.763 (-0.51)	1.148 (0.27)	1.871 (1.18)	0.858 (-0.21)
学习动机	1.148 (0.32)	1.325 (0.66)	2.535* (2.17)	2.243 (1.91)	3.245** (2.67)	9.079** (3.10)
控制变量	已控制					
Pseudo R2	9.73%					
LR chi2	171.32					

注:* 表示 $P<0.05$,** 表示 $P<0.01$,*** 表示 $P<0.001$。

首先,直接路径的检验结果表明确定自我教育期望与看护人期望对语文成绩(良、优)的影响是积极的并且通过了显著性检验。之前的分析已知自我教育期望对较高学习投入有显著的正向影响,但是表4-14 中学习投入并没有显著影响语文/数学/综合学业成绩,因此,学习投入在自我教育期望影响孩子学习成绩的作用路径上并不具备中介效应;学习投入在看护人期望影响孩子学习成绩的作用路径上也不具备中介效应。

其次，基于前文可知自我教育期望对高学习动机孩子的学业成绩有显著促进作用，看护人期望对中、高学习动机学生的学习成绩都展示出显著促进作用，而在表4-14中可以看到学习动机对语文成绩为良、优的孩子有促进作用，对数学成绩为中、优的孩子有促进作用，对中—良、良—优和优—优综合学业成绩的孩子有促进作用。

综上所述，依照中介效应检验的步骤进行检验后，本章可以得出高学习动机在教育期望对孩子语文成绩（良、优）的作用路径上起到了完全中介作用的结论。

（四）学习投入和学习动机在教育期望差异与学业成绩关系间的中介效应

表4-15为教育期望差异对学习投入的影响。分析采用有序多分类 Logistic 模型，选择教育期望差异1（教育期望均低）作为教育期望差异分类变量虚拟化处理后的基准参照类，学习投入极低作为基准参照类。数据结果显示，教育期望对学习投入的影响较小，仅教育期望差异5（自我期望与监护人期望均为高中）对学习投入有一定影响。

表4-15　教育期望差异对学习投入的影响

变量	低学习投入	中学习投入	高学习投入	极高学习投入
教育期望差异5	2.457* (2.06)		3.615* (2.36)	
控制变量	已控制			
Pseudo R2	5.45%			
LR chi2	90.49			

注：* 表示 $P < 0.05$；表中空格处省略了不具统计显著性的回归系数。

表4-16为教育期望对学习动机的影响分析结果。通过以上模型数据分析归纳可知，4、6、7、8、9类别的教育期望差异对学习动机的影响分别在 $P < 0.05$、$P < 0.01$、$P < 0.001$ 的水平下显著，这表示这些类型的教育期望差异会对学习动机产生影响，不管看护人和儿童间教育期望是在初中层级，还是高中或大学及以上层级，他们之间的教育期望差异都会对儿童的学习动机产生影响。但是值得注意的是，在儿童和看护人的教育期望都为大学及以上的情况下，对中等程度的学习动机影响最显著，对高学习动

机影响次之。

表 4-16　教育期望差异对学习动机的影响

变量	低学习动机	中学习动机	高学习动机
教育期望 差异4		6.748* (2.11)	15.243* (2.13)
教育期望 差异5			35.217* (2.25)
教育期望 差异6		5.636* (2.06)	
教育期望 差异7		9.987** (2.85)	18.574* (2.43)
教育期望 差异8		7.126* (2.17)	19.046* (2.31)
教育期望 差异9		19.124*** (3.74)	58.048* (3.44)
控制变量	已控制		
Pseudo R2	5.32%		
LR chi2	78.31**		

注：* 表示 $P<0.05$，** 表示 $P<0.01$，*** 表示 $P<0.001$；表中空格处省略了不具统计显著性的回归系数。

　　表 4-17 为学习投入、学习动机在教育期望差异作用于语文、数学成绩的路径模型拟合结果。数据显示，教育期望差异 5、6、8、9 对语文成绩中等的孩子的影响分别在 $P<0.05$、$P<0.01$、$P<0.001$ 的水平下显著，这表明这些教育期望差异对语文成绩中等的孩子有显著的促进作用。又加之在之前研究中教育期望差异对学习投入的影响中发现，仅教育期望差异编号 5（教育期望均为高中）对具备低、高学习投入的学生的语文成绩有促进作用，但是学习投入在表 4-17 并没有对语文成绩起到显著的影响，因此，学习投入在教育期望差异对孩子语文成绩影响的作用路径上并没有中介作用。

　　另外，之前研究中教育期望差异对学习动机的影响是：教育期望差异编号 4、7、8、9（看护人教育期望高于或等于儿童自我教育期望）对具备中、高学习动机的孩子均有显著的促进作用，看护人和儿童教育期望均为高中对具备高学习动机的孩子有显著促进作用，教育期望差异编号 6（自我教育期望为大学及以上、看护人教育期望为高中）对具备中等学习动机的孩子有显著促进作用，但在表4-17中学习动机仅对语文成绩表现为良、优的学生的语文成绩有显著促进作用。因此，学习动机在教育期望差异对孩子语文成绩影响的作用路径上没有起到中介效果。

表4-17　学习投入和动机在教育期望差异作用语文、数学成绩路径模型拟合结果表

变量	语文成绩			数学成绩		
	中	良	优	中	良	优
教育期望差异2	0.996 (−0.00)	4 422 861 (0.02)	1.416 (0.00)	3.253 (0.00)	6.690 (1.66)	2.971 (0.69)
教育期望差异4					5.688* (2.05)	
教育期望差异5	4.062* (1.74)				7.215* (1.96)	
教育期望差异6	6.409** (2.82)				8.606* (2.54)	
教育期望差异8	4.180* (2.19)					
教育期望差异9	5.192** (2.88)				13.002** (3.18)	26.718** (3.06)
学习投入	1.032 (0.09)	1.238 (0.56)	1.076 (0.14)	1.193 (0.49)	0.914 (−0.24)	1.248 (0.62)
学习动机	1.708 (1.84)	2.354** (2.73)	8.744*** (4.25)	1.750 (1.89)	1.441 (1.22)	3.167*** (3.76)
控制变量	已控制			已控制		
Pseudo R2	10.48%			10.26%		
LR chi2	157.71			168.42***		

注：* 表示 $P<0.05$，** 表示 $P<0.01$，*** 表示 $P<0.001$；表中空格处省略了不具统计显著性的回归系数。

直接路径检验给出了教育期望差异对于学科成绩的影响，其中教育期望差异4、5、6、8、9（看护人教育期望高于或等于自我教育期望）对良数学成绩的孩子有显著的促进作用，教育期望差异6（自我教育期望为大学，看护人教育期望为高中）、7（自我教育期望为初中，看护人教育期望为大学）、9（自我教育期望看护人教育期望均为大学）对优数学成绩的孩子有显著的促进作用。另外，之前研究教育期望差异对学习投入的影响中

发现，仅教育期望差异编号5（教育期望均为高中）对低学习投入和高学习投入有促进作用，但是学习投入在表4-17中并没有对数学成绩起到显著的影响，因此学习投入在教育期望差异对孩子数学成绩影响的作用路径上并没有中介作用。

此外，之前研究中教育期望差异对学习动机的影响是：教育期望差异编号4、7、8、9（看护人教育期望高于自我教育期望）对中等程度学习动机和高学习动机的孩子均有显著的促进作用，教育期望差异编号5（教育期望均为高中）对特别积极学习动机的孩子有显著促进作用，教育期望差异编号6（自我教育期望为大学及以上、看护人教育期望为高中）对具备中等学习动机的孩子有显著促进作用。表4-17显示学习动机仅对优数学成绩有显著促进作用。因此，中等学习动机在教育期望差异6（自我教育期望为大学，看护人教育期望为高中）、7（自我教育期望为初中，看护人教育期望为大学）影响优的数学成绩的作用路径上起着完全中介效果，在教育期望差异9（教育期望均为大学及以上）影响优的数学成绩的作用路径上起着部分中介效果；高学习动机在教育期望差异编号7（自我教育期望为初中及以下、看护人教育期望大学及以上）影响优的数学成绩的作用路径上起着完全中介效果，在教育期望差异9（教育期望均为大学及以上）影响优的数学成绩的作用路径上起着部分中介效果。

直接路径得出了教育期望差异对于学科综合成绩的影响（见表4-18）。其中教育期望差异6、9（自我教育期望高于或等于看护人教育期望）对中等的综合学业成绩的孩子有显著的促进作用，教育期望差异4、6、8、9（总的来说看护人教育期望高于自我教育期望）对中—良的综合学业成绩的孩子有显著的促进作用，教育期望差异6（自我教育期望为大学，看护人教育期望为高中）、8（自我教育期望为高中，看护人教育期望为大学）、9（自我教育期望、看护人教育期望均为大学），两者教育期望都较高对综合学业成绩为良—良的孩子有显著的促进作用。另外，在之前研究教育期望差异对学习投入的影响中发现，仅教育期望差异5（教育期望均为高中）对较低学习投入和较高学习投入有促进作用，但是学习投入在表4-18中并没有对综合学业成绩起到显著的影响，因此学习投入在教育期望差异对孩子综合学业成绩影响的作用路径上并没有中介作用。

表 4-18　学习投入和学习动机在教育期望差异
作用综合成绩路径模型拟合结果表

变量	综合成绩 不及格—中	综合成绩 中—中	综合成绩 中—良	综合成绩 良—良	综合成绩 良—优	综合成绩 优—优
教育期望 差异6			8.248* (2.20)	21.622** (2.61)		
教育期望 差异9			15.784** (3.18)	35.688** (3.22)		
学习投入	1.036 (0.07)	1.930 (1.36)	0.798 (-0.47)	1.112 (0.22)	2.062 (1.51)	0.607 (-0.73)
学习动机	1.497 (1.03)	1.126 (0.31)	2.192* (2.04)	2.163* (1.97)	3.060** (2.77)	15.016*** (3.96)
控制变量	已控制					
Pseudo R2	11.40%					
LR chi2	258.18***					

注：* 表示 $P<0.05$，** 表示 $P<0.01$，*** 表示 $P<0.001$；表中空格处省略了不具统计显著性的回归系数。

　　此外，之前的数据分析结果发现教育期望差异对学习动机的影响是：教育期望差异4、7、8、9（看护人教育期望高于自我教育期望）对具备中等学习动机和高学习动机的孩子均有显著的促进作用，教育期望差异5对具备高学习动机的孩子有显著促进作用，教育期望差异6（自我教育期望为大学，看护人教育期望为高中）对具备中等学习动机的孩子有显著促进作用。在表4-18中学习动机仅对数学成绩为优的孩子有显著促进作用。

　　因此，中等学习动机在教育期望差异4、8（看护人教育期望高于自我教育期望）影响中—良的综合学业成绩的作用路径上起着完全中介效果，在教育期望差异6、9（看护人教育期望低于或等于自我教育期望）影响中—良的综合学业成绩的作用路径上起着部分中介效果；中等的学习动机在教育期望差异8（自我教育期望为高中，看护人教育期望为大学）影响良—良的综合学业成绩的作用路径上起着完全中介效果，在教育期望差异6、9（看护人教育期望低于或等于自我教育期望）影响良—良的综合学业成绩的作用路径上起着部分中介效果。

　　还可以发现，儿童具备的高水平学习动机在教育期望差异4、8（看护人教育期望高于儿童自我教育期望）影响综合学业成绩为中—良的作用路径上起着完全中介效果，在教育期望差异 9（教育期望均为大学及以上）影响中—良的综合学业成绩的作用路径上起着部分中介效果；高水平的学习动机在教育期望差异 8（自我教育期望为高中、看护人教育期望为大学及以上）影响良—良的综合学业成绩的作用路径上起着完全中介效果，在教育期望差异 9（教育期望均为大学及以上）影响良—良的综合学业成绩的作用路径上起着部分中介效果。

综上所述，在教育期望差异表现为看护人教育期望高于儿童自我教育期望的情况下，儿童中、高水平的学习动机可以在数学成绩为优，综合成绩为中—良、综合成绩为良—良的作用路径上起到部分和完全的中介效果。可以理解为看护人要是比儿童自身对儿童有更高的教育期望，那么就会对儿童的学习动机产生影响，进而对儿童数学成绩和综合成绩的提高有正向作用。

四、本章小结

通过对四川 Z 县、S 县 617 名五年级小学生的研究，可以得出看护人教育期望、儿童自我教育期望以及看护人和儿童二者之间存在的教育期望差异对农村儿童学业成绩的影响结果。当孩子的语文成绩低于良时，看护人教育期望对于农村儿童的语文成绩有正向的预测作用，但是当孩子的语文成绩高于良时，看护人的教育期望对于儿童语文成绩可能产生负向预测作用，即"适得其反"。然而，儿童的自我教育期望则对语文成绩、数学成绩都展现出正向预测作用。当进行语文成绩和数学成绩加总形成学业综合成绩后，基于综合成绩而言，教育期望越高，农村儿童的综合学业成绩表现越好。但是，当仅有看护人教育期望作用于综合成绩时，对于综合学业成绩中等的学生并没有产生积极的影响，反而展现出期望越高成绩越差的结果。总的来说，儿童自我教育期望对儿童学业成绩的影响大于看护人对儿童学业成绩的影响。

看护人和农村儿童之间存在的教育期望差异越小，农村儿童的数学成绩、语文成绩、综合成绩表现会更好。学习投入在教育期望差异作用于数学成绩、语文成绩、综合成绩三条路径上均没有表现出中介作用；学习动机在教育期望差异作用于数学成绩和综合成绩两条路径上分别表现出部分和完全中介作用。

总体而言，儿童自我教育期望和看护人教育期望都可以对农村儿童的学业成绩产生正向预测的作用。研究结果与以往研究结果基本一致，这验证了本章提出的假设。儿童自我教育期望较高儿童学业成绩表现会更好（Rutchick et al., 2009；Beal et al., 2010），父母等看护人的教育期望与子女的学业成绩呈正相关（孙清山，黄毅志，1999；水远漩，刘舒艳，2006）。根据期望效应理论，农村儿童是处于不断社会化过程中的个体，其主体能动性的展现给教育期望目标的实现提供了机会，较高的教育期望和理解自己的"社会角色"有助于调动儿童自身内在的能动性，做出为达到教育目标而匹配的社会行为。为了实现自己的教育期望目标，高教育期望的孩子会更加重视学习，投入与学习相关的更多资源，从而产生较好的学业成绩，对学习成绩产生积极的影响。相反，如果儿童对自己的教育期望较低，那么可能会让其忽视学习的重要性，教育目标的实现对其而言价值较低，可能导致其丧失学习的动力，长期如此，会对其学业成绩产生负面的影响。根据"社会角色"理论，看护人对儿童的教育期望不论是较高还是较低，都会通过在日常生活中各种有形的、无形的社会互动传递表达出来，并被承受期望的农村儿童所感知。当儿童知觉到看护人对自己的期望后，会逐渐形成或调整自我的教育期望，最终影响其学业成绩的表现。

看护人和农村儿童两者之间存在的教育期望差异对农村儿童的数学成绩、语文成绩、综合成绩均有显著正向影响作用。与以往的研究结果不同，以往研究都显示出父母和子女两者之间的教育期望差异越大，越不利于青少年学业成绩的发展，因为这可能给孩子带来压力，让孩子对学业产生焦虑，很有可能产生逆反心理，对学业成绩产生负面的影响（万星，2002）。但是在本章中却出现相反情况，或许是相对于以往研究的城市儿童，农村儿童对学业压力的感知不那么敏感，教育期望差异所带来的压力正好可以对他们起到激励学习的作用。

学习投入在看护人教育期望、自我教育期望和学业成绩之间未表现出中介作用，学习动机在看护人教育期望、自我教育期望和学业成绩之间起到部分中介作用。

自我教育期望不仅直接影响农村儿童学业成绩的发展，还可以通过对儿童的学习动机来影响学业成绩。本章的中介变量——学习动机由自我效能感和优质同伴数量构成。研究发现，在阶级再生产的过程中，同伴群体起到重要的中介作用（Yanjie，1997）。家长对孩子的成就并没有直接影响，能够影响孩子的唯一环境因素就是同辈群体（Gaviria et al.，2001）。研究发现，好友教育期望与个体期望密切相关（Haller et al.，1960）。在加入包括同辈群体在内的重要他人变量后，父辈职业地位对子代教育获得的直接影响消失了，个体教育期望开始通过同伴群体等间接作用而获得（Hasan，2013）。也有研究发现了同伴群体通过对青少年个体的价值观和行为产生影响并最终影响学业成就，而且还提出伴随着时间发展同阶层同伴群体的影响有逐渐增强的趋势（程诚，2017）。研究发现具备较高学业自我效能感的学生，不但掌握更好的学习方法，还对学习表现出更为浓厚的学习兴趣（Schunk，1989），本章也发现对于农村儿童而言，相对于看护人的亲子互动、学习书籍的购买，农村儿童伙伴展示出了对儿童学业成绩不可忽视的影响，拥有优秀成绩的同伴数量越多，儿童的学业成绩越有可能表现得更好。从社会学的"镜中我"理论来分析，好友同学作为儿童成长过程中的重要他人，就是儿童成长过程中的一面"镜子"。儿童会将优秀的同辈良好的学业表现映照出来的较高教育期望内化巩固为自我教育期望，并在行动上反映出来，最终在学业成绩上得以展现。

第五章　农村儿童非认知能力：家庭教育投入、家长学业参与及家庭亲子互动的影响

一、理论视角下农村儿童非认知能力及其家庭影响因素

（一）儿童好奇心

好奇心属于一种非认知能力。好奇心是个体在经历或寻找某个对照性变量时，对知识或信息的渴望，并伴随着积极的情绪、强烈的唤醒或探索性的行为（Grossnickle，2016）对于儿童来说，世界是陌生而新鲜的，他们在成长过程中出于好奇自发地接近和尝试新事物，从而增加认知。儿童自身对于世界的好奇与探索需求是成长的内驱动力。

好奇心一直以来都被看作内在学习动机的重要内容，是一项重要的非认知能力。黄国英和谢宇（2017）曾研究证明非认知能力对劳动者的影响是独立于认知能力的，而非认知能力的测量工具大五人格法中的思维开通性（openness）就对应于本章所研究的好奇心。对于儿童好奇心的研究大多来源于心理学家。有的研究者从内在动机角度分析了好奇心产生的原因，认为当个体需要回答问题时，认知好奇就会被唤醒（Berlyne，1962）。也有观点认为好奇心是个体对知识和信息的需求（Kang，2009）。同时，好奇心与记忆力也有直接联系，通过实验研究发现好奇心水平与回忆正确率呈显著正相关关系（Murayama & Castel，2011）。认知好奇可以增强人们对学习的兴趣和参与度，并且能提高成绩（Litman，2008）。我国心理学家对于好奇心的讨论主要围绕着好奇心的定义（胡克祖，2005）和功能（李

天然 等，2015；黄骐 等，2021）。

好奇心常作为儿童发展中的一项重要非认知能力，被讨论并分析其影响因素。很多研究者都认同家庭状况会对子女非认知能力产生影响，并从家庭教育方式、家庭背景、父母性格特征等方面给予实证支持。实验研究证明，低好奇心的儿童的探索性行为与父母是否在场有关，并且认为这是幼儿好奇心差异的主要原因（Henderson，1979）。有的研究者发现家庭层面的人力资本、社会资本、文化资本和经济资本会对子女的非认知能力产生显著影响（曹连喆 等，2019；李波，2018；李丽 等，2017；黄超，2018）。父母性格也会对子女非认知能力产生影响，因为耐心的父母倾向于采用更科学的自主支持式教育方式教导子女（吴贾 等，2020）。

家庭是儿童成长中的第一所学校，且持续时间长、影响大，家庭教育投入对儿童各方面能力的影响不言而喻。早期大多数关于家庭教育投入的研究都只围绕家庭经济投入这个狭义的概念研究其经济效益。贝克尔（Becker，1986）认为孩子最终的财务状况是父母对其进行人力资本投资的结果，他将家庭教育投入定义为家庭为子女花费的教育费用。但实际上，家庭对孩子教育方面的投入并不仅限于金钱，后期的相关研究对家庭教育投入的定义涵盖了更多方面。李燕芳等（2013）认为，家庭教育不只包括经济投入，还包括父母为孩子发展提供的一系列教育资源、活动、机会。目前学术界对家庭教育投入还没有统一的界定和分类，但大多数学者都将其分类为经济投入和时间投入进行讨论（卢春天 等，2019；李佳丽 等，2019）。

本章也选择从经济投入和时间投入两方面来测量家庭教育投入。如表5-1所示，根据经济投入的多少和时间投入的多少，进行交叉分析，将家庭教育投入分为四种类型，即基础投入型、时间投入型、经济投入型和尽职尽责型。

表 5-1　家庭教育投入类型

		家庭经济投入	
		少	多
家庭时间投入	少	基础投入型家庭教育投入	经济投入型家庭教育投入
	多	时间投入型家庭教育投入	尽职尽责型家庭教育投入

基础投入型家庭教育投入是指经济投入较少，时间投入也少的家庭教育投入类型；时间投入型家庭教育投入是指经济投入较少，时间投入较多的家庭教育投入类型；经济投入型家庭教育投入是指经济投入较多而时间投入少的家庭教育投入类型；尽职尽责型家庭教育投入是指经济投入和时间投入都较多的家庭教育投入类型。

生态系统理论强调环境对个体发展的影响作用，个体的发展均是在整个社会系统中进行的，儿童成长也不例外。具体到儿童成长环境，微观系统包括家庭环境和学校环境，中间系统即家庭与学校的联系，外层系统指儿童并未直接参与但受其影响的系统，宏观系统指儿童所生活的社会文化环境。在儿童好奇心的发展过程中，受到成长生态系统的影响，即微观系统（包括父母对儿童的教育）、中间系统（包括父母与学校的联系，即本章所指的"外部时间投入"）、外层系统（包括父母的教育水平与婚姻状况）、宏观系统（包括整个社会环境）。儿童好奇心发展与各系统息息相关，且受各系统的影响。本章提出待检验的假设如下。

假设5-1：不同的家庭教育投入类型会对儿童好奇心产生影响，时间投入型家庭教育投入比经济投入型家庭教育投入更有利于儿童好奇心的培养。

假设5-2：与低教育期望（父母期望教育程度为本科及以下）儿童相比，高教育期望儿童的好奇心水平受家庭教育投入的影响更显著。

假设5-3：父母受教育程度越高，儿童好奇心更容易受家庭教育投入的影响。

（二）儿童外向性

外向性是一种重要的人格特质，最早是由精神分析家荣格首次提出，用于描述人的心理特质朝向世界的方向的变化（Jung，1921）。该术语一经提出后，被众多心理特质学家采用。20世纪80年代，NEO人格问卷形成并被广泛采用，（Costa & McCrae，1985）。问卷提出了"五因素模型"（five-factor model，FFM）（PT，1992）。在FFM中，外向性被看作具有遗传性，并且与其他三个维度（宜人性、经验开放性、责任感）一起具有跨文化的一致性。外向性是对以往学者对外向性维度内容的整合，包含社会交往（合群）、自信心、活泼（活跃）、热情、精力旺盛（积极情绪）和寻求冒险刺激六个层面的特质（Costa & McCrae，1992）。

20 世纪 90 年代以来，社会、临床、管理、发展、认知等学科都在大量引用人格心理学的内容（许燕，2003）。如外向性，也被称为社会适应性，主要是指关注自我之外的事务并从中获得满足的行为、状态或习惯，其特征是对他人和外界事件表现出浓厚的兴趣，并且充满信心地闯入未知的世界，具体包括健谈、充满活力、合群、自信等特征（Akhter & Ibrahimi，2015）。外向性是人格的一个维度，反映了个体正在经历和表现出来的积极情绪、自信、果断、渴望社会关注（Wilt & Revelle，2017）。

前文已经提到，外向性这一概念实际上来自一代又一代的心理学家对上千个人格特质词汇的不断浓缩和提炼。一直以来，特质心理学家根据外向性这一高阶概念整合了不同的低阶特征子集。这些特征基本上都综合反映了外向性乐观、自信、积极、社交能力强的特点，只是在个别方面上有细微的差别或者一定程度的重合。借鉴"五因素模型"（five-factor model，FFM）对外向性的定义，在综合相关文献的基础上，把外向性特征归为以下四点。

第一是社交性。社交性是反映享受和珍视人际交往纽带，亲切、热情的特质。外向性中的社交性特质总是不断地促使人们以各种方式与外界建立纽带，以保持自己的社交网络地位，其在生活中的表现就是热情地参与各种社会活动，喜欢与熟人和陌生人交往，并获得他们的社会关注（Digman，1990；Judge & Zapata，2015）。相比之下，内向的人倾向于使自己避免受到外界干扰，其对世界的感受和反应的方向是朝向个人的（Jung，1921）。

第二是自信。在对外向性的研究过程中，许多学者把自信纳入外向性的典型特质（Costa et al.，1995）。自信可被认为反映的是社会主导地位和领导角色方面的信心、表现欲以及实现目标的主观能力（Depue & Collins，1999）。也有学者使用野心一词来表现外向性的自信特征（Hogan et al.，1983）。自信的人通常乐于展示自己，试图成为人群中的领导者或者在组织中起领导作用，对自己目前的状态表示满意并且对未来规划比较明确（牟晓红 等，2016）。

第三是积极情绪。人格因素与情绪关系密切，人格特质中的外倾性与个体的积极情绪高度相关（Costa et al.，1995）。积极情绪是指个体由于体内外刺激、事件满足个体需要而产生的伴有愉悦感受的情绪（郭小艳，王振宏，2007）。积极情感与生活满意度相关，可以提高主观幸福感（李清，

2004）。同时，积极情绪也能够缓解压力对个体的不良影响（崔丽霞 等，2012）。

第四是乐群性。对于个体而言，乐群性是衡量一个人个性内倾还是外倾的重要标志（李凯，2018）。高乐群的人特征为积极、活跃、热情，低乐群的人特征为缄默、孤独、内向（谭健烽 等，2013）。

外向性作为个体成长与发展过程中重要的人格特质之一，其影响因素一直备受关注。已有文献从家庭、个人、学校、社会环境等多维度对外向性的影响因素进行探究。首先，父母与孩子的亲子关系是影响孩子外向性的重要因素。1975 年少年艾森克人格问卷（The Eysenck Personality Questionnaire Junior）就被用于测量少年人格特质和家庭关系，结果表明父母从根本上否定或拒绝的态度会让亲子关系紧张甚至产生冲突，从而使孩子产生强烈的攻击倾向和敌意，且在外向性方面得分低于家庭亲子关系和谐的孩子（Connolly & O'Moore，2003）。父母的性格特质也会影响孩子的性格特质，性格焦虑的父母的孩子更有可能感到孤独，而性格外向的父母的孩子的孤独感会降低（Long & Martin，2000）。父母的情绪稳定性与孩子的问题行为呈负相关，与孩子的责任心和积极情绪等呈正相关（Prinzie et al.，2004）。如母亲外向性不仅能正向预测青少年外向性，还能通过母亲积极的教养方式与同伴关系的中介作用影响青少年的外向性（彭顺 等，2019）。其次，在家庭方面，家庭社会经济地位包括家庭收入、父母受教育程度、父母职业等，其中家庭收入、父母教育程度对孩子非认知能力（包括外向性）有显著正向影响（曹连喆，方晨晨，2019）。良好的家庭教养方式可以使孩子形成积极的人格品质，有利于大学生乐群性（合群性）的培养，不良的教养方式则会使孩子形成消极的人格品质，尤其是家庭教养方式中父母的情感温暖对于大学生外向性有显著的正向影响（吴素景 等，2020）。

家长学业参与向孩子传递着关爱和重视，能够影响孩子情绪感知能力（Grolnick & Slowiaczek，1994）。家长学业参与能为孩子创造一个支持、温暖的学习氛围，缓解焦虑情绪，从而增强子女的自我效能感（郭筱琳 等，2017；韩仁生，王晓琳，2009），还能促进子女养成良好的生活习惯并影响他们对待不同学科的思维方式（Oluwatelure & Oloruntegbe，2010）。但家长过多的学业参与（达到强迫孩子更加努力学习的程度）或对孩子的学业成绩抱有很高的期望，也会给孩子带来学业压力（Raufelder et al.，2015；张云运 等，2021）。这种学业压力会反向抑制孩子的学业投入，破坏孩子自主学习的愿望，影响亲子关系的质量，从而影响孩子的心埋健康，让孩子感到抑郁或者焦虑（Quach et al.，2015）。

目前学界对于家长关爱的研究主要集中在父母关爱对孩子的影响。有研究认为父母关爱是教养态度、教养观念、教养行为及情感表达的综合行为，是衡量家庭情感联结的一个重要指标（Darling & Steinberg，2017）。父母关爱是父母对孩子心理和情感上的关注和接纳（Lancaster et al.，2007）。在儿童社会化过程中，对儿童心理健康和人际关系交往起着积极的推动作用。然而，根据我国现实情况来看，尤其是农村地区的家庭还存在相当一部分儿童是非父母抚养。因此，家长关爱对孩子健康成长的影响同样值得关注。本章根据范兴华的研究，将家长关爱定义为家长对孩子的帮助、指导、鼓励以及与孩子沟通交流等情况，强调家长对孩子心理和情感的关注和重视（范兴华 等，2018）。

家庭作为个体联系紧密的"微观系统"，家长对孩子的关心爱护能够影响一个家庭的主导情感氛围。积极的家庭情感氛围是孩子情绪及其表达规则认知发展的主要外部环境，有助于孩子获得更多的积极情感体验，表现出更多的积极情绪（黄寒英，2010）。家长在参与孩子成长发展的过程中，他们会成为影响孩子情感功能的参与者（Pomerantz et al.，2007）。当家长与子女进行公开交流，表现了对子女的关爱重视时，也为青少年的健康成长提供了一个支架（Hill & Tyson，2009）。在这个支架之下，子女能更好地内化家长的情感和价值观，并及时得到反馈，加强对家长的信任感（Chen & Ho，2012）。这种双向的互动过程将有利于促进家长与孩子之间的情感传递，促进家庭关系的和谐，营造良好的家庭氛围。家长表达对孩子的关爱能缓和孩子焦躁、孤僻、沮丧等情绪，尤其是正处于情绪低落的青春期的孩子（Branje et al.，2010）。因此，家长关爱很可能在家长学业参与和儿童的外向性之间起到中介作用。

综上，根据以上的理论机制分析，本章再提出两点假设。

假设5-4：家长学业参与和儿童外向性水平具有相关性。

假设5-5：家长关爱在家长学业参与和儿童外向性之间起到中介作用。

（三）儿童自我认同

个体的成长与发展离不开与社会的良性互动。在成长过程中，青少年不可避免地通过社会比较来反思自我与他人的不同、自我与社会的关系

（高中建 等，2017）。儿童的自我认同需要在社会环境中发展，社会互动又是社会环境的构成部分，因此社会互动通过建构社会环境对儿童自我认同的形成和发展产生影响。父母的照料和情感关怀、教师的交流与互动、同伴的协作沟通等都是影响儿童正确认识自己、认识社会的重要因素。

儿童在互动过程中能够获得对自我的认识和评价，但不同的互动行为所能满足的需求不同，不同社会环境中的互动关系作用也不相同。儿童社会网络中多种类型的社会互动关系共同构成儿童的社会支持网络。有研究在衡量青少年的社会支持系统时，将其与父母亲、祖父母、兄弟姐妹、朋友、老师等互动对象之间的关系作为关键的考量指标，发现不同的互动关系能够带来的支持内容存在差异，这些重要他人都是儿童健康成长过程中不可或缺的社会力量（Furman & Buhrmester，1985）。

本章假设5-6：社会互动对儿童自我认同有积极影响，不同类型社会互动的影响存在差异。

社会互动关系中的亲子关系、同伴关系和师生关系，共同形成青少年儿童社交网络中的重要内容，三种互动关系对于儿童的健康发展至关重要，但各自的影响力要受到社会文化传统、儿童自身发展特征及年龄阶段的影响（叶子 等，1999）。由于互动双方的特征和互动发生环境不同，各类型社会互动的影响力也有差异，这种差异不仅体现在儿童自我认同发展的区别上，更直接体现在互动关系本身的质量方面，如互动双方的亲密程度。在社会互动过程中，儿童会生成对于互动关系的体验或评价，亲密程度则是重要的评判指标。亲密感是在互动中产生的亲近、愉悦、安全和放松的情感体验，是互动关系亲疏远近、互动频率高低和互动质量优劣最直接的反映。作为一种情感体验，亲密感能够反映出互动关系的紧密程度和相互依赖程度，也是互动双方关系质量的主观评价指标。情感上的体验和满足，对儿童心理的健康发展以及形成良好的自我认同具有十分重要的意义。

与各类互动对象之间的亲密感在儿童发展中具有显著功能这一结论已得到证实，与父母和朋友的亲密关系对于儿童的重要性不言而喻（Field et al.，1995）。亲子之间、同伴间和师生间的人际亲密感对于青少年的心理健康和学业表现均具有重要影响（鄢隽，2018）。与父母之间的亲密感和与朋友之间的亲密感对青少年自我印象有显著影响（Rice & Mulkeen，1995）。亲密感是亲密度的主观反映，可以推测，与互动对象亲密度的差别也可能是儿童自我认同差异的解释因素。

本章假设 5-7：社会互动可通过影响儿童与互动对象的亲密度间接影响儿童自我认同。

城镇化进程中农村留守儿童与非留守儿童发展的差异性问题受到普遍关注。尽管对两类群体比较研究可能得到不同的结论，但可以确定的是，父母进城务工导致亲子互动方式变化，这是留守儿童与非留守儿童最直接且主要的区别。学校的师生关系和同学朋友关系是留守儿童在家庭之外接触最多的外部社会关系。父母外出后如果留守儿童能保持适当的社会互动，其身心健康发展会更顺利（秦敏 等，2019）。积极的师生关系可以弥补家庭亲子互动亲密感的缺失，能够有效保护留守儿童的心理健康（崔雪梅 等，2019）。

良好的同伴关系是发展社会能力、满足社交需要、获取社会支持和安全感的重要环节，并且对于青少年形成健康的自我概念和人格具有积极作用（邹泓，1998）。留守儿童可能因与父母的互动不足产生孤独等心理健康问题，而与同伴保持较高的友谊质量有利于减轻儿童的孤独感（周宗奎 等，2015）。在与同伴互动时，儿童如能够获得其他成员的回应和支持则有利于增强其自信心和对社会交往的认可（陈黎，2006）。随着儿童的社会化发展，与同伴关系的重要性增强，青少年与同伴互动间产生的亲密关系在青春期后期变得越来越重要和关键（Buhrmester & Furman，1987）。由于儿童的社会行为可通过同伴关系影响自我认同的发展（王燕 等，2005），作为社会互动的主要内容之一，同伴或朋友互动对儿童自我认同的积极影响也可能对亲子互动受损的留守儿童群体更加明显。

本章假设 5-8：对于留守儿童和非留守儿童来说，社会互动对自我认同的作用力存在差异；朋友互动对留守儿童自我认同有更强的积极影响。

二、家庭教育投入与农村儿童好奇心

（一）研究设计和样本描述

本节使用 Z 县调查数据进行实证分析。被解释变量为儿童好奇心。问卷中有儿童自评好奇心和他评（看护人）好奇心两个问题可以考察好奇心水平。但在实证分析中自评好奇心作为被解释变量得到的结果并不显著。

选取主要看护人问卷中关于儿童社会、情感、行为部分的问题"用'好奇爱探究，喜欢新事物'形容孩子有多贴切"，来衡量儿童好奇心。儿童好奇心水平由低到高依次为 1~5，"1"指"我的孩子完全不是这样"，"5"指"我的孩子就是这样"。

解释变量为家庭教育投入类型：基础投入型、时间投入型、经济投入型和尽职尽责型四种类型。经济投入情况来自主要看护人问卷中教育部分的问题"在这个学期（或者刚结束的这个学期），您和家人为这个孩子支付学费和其他有关费用的总费用"，包括书本费、课外读物、文具等与教育相关的各种费用，由家长根据实际消费金额填写，单位为元①。时间投入方面，包括内部时间和外部时间。本章的内部时间即父母对儿童学业指导时间，外部时间是 Coleman（1988）所提出代际闭合的操作化，即家校互动的时间。内部时间的长短选用看护人问卷中的问题"过去 30 天，您多长时间会和孩子一起做功课"进行测量②，外部时间的多少选用"本学期您单独找班主任、任课老师或者校长谈孩子的情况的次数"来表示③。总时间投入为外部时间与内部时间相加④。

控制变量对应生态系统理论每个层面，包括个体特征、学校情况和家庭情况，具体包括儿童的性别、学校类型、与父母同住情况和父母受教育程度。性别为二分变量，"0"为女性，"1"为男性。学校类型为二分变量，"0"是私立学校，"1"是公立学校。居住类型（与父母同住情况）是四分变量，"1"是与母亲同住，"2"是与父亲同住，"3"是与父母同住，"0"是既不与父亲同住也不与母亲同住；父母受教育程度选取父亲受教育程度和母亲受教育程度中较高的一项，分为四类，没接受过任何教育赋值为"0"，小学学历赋值为"1"，初中学历赋值为"2"，高中（中专）及以上学历赋值为"3"。

相关变量描述性统计见表 5-2。

---

① 经济投入根据平均数 750 元界分为多和少。
② 构建内部时间虚拟变量，看护人陪伴一起做功课的频率为一周 1 次以上记为 1，否则为 0。
③ 构建外部时间虚拟变量，看护人有找老师了解情况的经历则记为 1，否则为 0。
④ 总时间投入变量由内部时间和外部时间两个变量相加得到，存在 0，1，2 三种取值，取值为 0 代表时间投入较少，取值为 1 或 2 代表时间投入较多。

表 5-2　相关变量描述性统计

变量	观测值	均值	标准差	最小值	最大值
好奇心	617	4.20	1.04	1	5
家庭教育投入类型	509	1.62	1.12	0	3
性别	1 108	0.50	0.50	0	1
学校类型	1 086	1.53	1.30	0	3
与父母同住情况	563	0.63	0.48	0	1
父母受教育程度	426	1.85	0.73	0	3

本节使用的统计方法是 OLS 回归分析和异质性分析。基于被解释变量儿童好奇心的变量类型（连续型变量），采用多元线性回归方法，检验家庭教育投入类型对儿童好奇心的影响效应。回归计量模型为

$$Y = \beta_0 + \beta_1 X_1 + \beta_k X_k + \varepsilon \qquad (5-1)$$

Y 表示被解释变量好奇心，X_1 表示家庭教育投入类型变量，X_k 表示上文中的控制变量，β_0 为固定截距，ε 为随机扰动项。关于解释变量方程系数 β_1 的解释为：$\Delta Y = (\beta_1/100)\,\%\Delta X_1$，当 X_1 变化一个单位时，Y 变化 $(\beta_1/100)\,\%$ 个单位。

（二）实证分析

1. 基准回归

回归结果显示，家庭教育投入类型不同，培养出的儿童好奇心不同，且处于时间投入型家庭教育下的儿童好奇心最强。根据表 5-3 可以看出，不同类型的家庭教育投入的比重从大到小为：尽职尽责型>经济投入型=基础投入型>时间投入型。愿意为子女投入较多时间和较多金钱的尽职尽责型家长占比最多，说明更多的家长重视孩子的教育，选择对孩子的经济和情感全面投资的教育决策。而付出较多时间和较少金钱的时间投入型家长最少，说明与经济投入相比，时间投入更为稀缺或更不被重视。不同家庭教育类型所培养出的儿童好奇心从大到小为：时间投入型>尽职尽责型>经济投入型>基础投入型。时间投入型教育模式的孩子好奇心得分最高，说明相较于更多的金钱，在较多的亲子互动和密切的家校联系下成长的孩子好奇心更旺盛。

表 5-3　不同家庭教育投入类型情况及好奇心得分均值表

变量	变量情况	人数	频率（%）	好奇心得分均值
家庭类型	基础投入型	102	20.24	3.88
	时间投入型	147	28.57	4.36
	经济投入型	102	20.24	4.20
	尽职尽责型	158	30.95	4.28

为了深入探讨家庭教育投入类型对儿童好奇心的影响，以家庭教育投入类型为解释变量，儿童好奇心为被解释变量，以性别、年龄、家庭完整性和父母受教育程度为控制变量代入式（15-1），构建模型 1，得到回归结果如表 5-4 所示。

表 5-4　家庭教育投入类型对儿童好奇心影响回归结果

类别	变量	好奇心
解释变量	家庭教育投入类型（参照：基础投入型）	
	时间投入型	0.669 *** (4.10)
	经济投入型	0.453 *** (2.65)
	尽职尽责型	0.523 *** (3.29)
个人特征	男生	0.319 *** (2.81)
学校类型	公立学校	−0.090 (−0.78)

表5-4(续)

类别	变量	好奇心
家庭情况	与父母同住情况（参照：与父母都不同住）	
	与母亲同住	0.211 （1.35）
	与父亲同住	-0.418 （-1.43）
	与父母同住	0.279** （2.10）
	父母受教育程度（参照：没受过任何教育）	
	初中以下	0.552* （1.72）
	初中	0.425 （1.35）
	初中以上	0.522 （1.57）
	常数项	3.019*** （8.55）
	观测值	333

注：* 表示 $P<0.05$，** 表示 $P<0.01$，*** 表示 $P<0.001$。

第一，时间投入型家庭教育投入对儿童好奇心水平呈现显著的正向作用。时间投入型家庭教育投入与儿童好奇心在 0.001 显著水平下呈现高度的正相关，相关系数为 0.669。也就是说，时间投入型家庭每提高 1 单位的教育投入，儿童好奇心的分数将上升 0.669。随着时间投入型家庭教育投入的增多，儿童好奇心增加，对知识的渴望程度将会提高。

第二，经济投入型家庭教育投入对儿童好奇心有正向影响，但以基础投入型作为对照，经济投入型家庭教育投入的影响小于时间投入型家庭教育投入。回归结果显示经济投入型教育投入对儿童好奇心在 0.001 显著水平下呈现高度的正相关，相关系数为 0.453，假设 5-1 成立。经济投入型家庭教育投入类型所培养出的孩子，好奇心得分也会随着教育投入的增多而提高，但与时间投入型家庭教育投入相比，提高的分值并不大。有研究（刘河清，2020）得出过相似的结论：家庭教育时间投入相较经济投入而言是影响孩子思维开放性更为有力的因素，即在培养子代思维开放性（openness）方面，家庭教育时间投入比经济投入有更为重要的作用。

第三，尽职尽责型家庭教育投入对于儿童的好奇心有着显著的正向作用。在教育投入类型为尽职尽责型教育的家庭中，家长每增加 1 单位的家庭教育投入，儿童的好奇心就会平均提高 0.523。尽职尽责型家庭教育投入比时间投入型家庭教育投入付出了更多的金钱，最终的效应却不如时间投入型，好奇心平均得分也小于时间投入型。将经济投入的金额按从小到大的顺序划分为三等分，分析经济投入在时间投入影响好奇心过程中的调节作用。结果如表 5-5 所示，当父母投入较低的经济投入时，时间投入对好奇心在 0.01 的显著水平下呈现正向影响，当经济投入增加到中等时，时间投入的影响增大，但当经济投入处于较高水平时，时间投入呈现负向作用。如图 5-1 所示，随着经济投入的增加，时间投入对好奇心的影响呈倒 U 形。李波（2018）的研究中也提到，家庭资本雄厚的学生，时间投入的效果要小于家庭资本薄弱的个体，而经济投入的效果大于弱势阶层家庭。

第四，男孩的好奇心水平明显高于女孩。在个体特征层面，性别与儿童好奇心在 0.001 显著水平下呈现高度的正相关，男孩比女孩的好奇心得分平均高出 0.319 分，好奇心呈现"男高女低"的态势。本节发现与王朝蓉（2019）的研究结果高度一致。她在研究儿童学习品质时发现，女孩在主动性、反思与解释的学习品质上高于男孩，而男孩在好奇心与兴趣的学习品质上高于女孩。

表 5-5 时间投入在不同经济投入下对儿童好奇心的影响

变量	经济投入		
	较低	中等	较高
时间投入	0.392**	0.411**	−0.047
	(2.37)	(2.43)	(−0.30)

第五，与父母同住对于儿童的好奇心有着显著的正向作用。相较于和父母都没有同住的儿童，有父母陪伴的儿童好奇心在 0.01 的显著水平下受到正向影响。如果父母其中一方由于外出务工等因素没有和孩子同住，会对孩子的好奇心产生不好的影响。

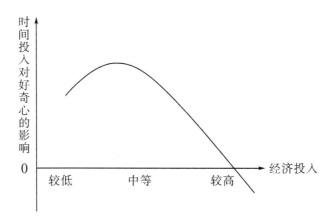

图 5-1 在不同经济投入情况下的时间投入对好奇心影响预测示意图

2. 异质性分析

家庭教育投入类型对儿童好奇心的影响对不同的个体而言存在差异。根据生态系统理论，个体本身与中层系统都会对微观系统产生影响，即个体本身的差异与家庭的差异都会影响家庭教育投入对儿童好奇心的效应。为验证假设 5-2 与假设 5-3，以基础投入型家庭教育为标准，分析其他三种家庭教育投入类型对拥有不同个体特征和家庭特征的个体的影响效果差异，得到表 5-6 和表 5-7。

表 5-6 家庭教育投入对不同性别、父母教育期望儿童的好奇心影响

变量	性别		父母教育期望	
	男	女	低期望儿童	高期望儿童
时间投入型	0.094	0.902***	0.417**	0.509**
	(0.53)	(4.41)	(2.43)	(2.35)
经济投入型	0.090	0.633***	0.206	0.533**
	(0.48)	(2.83)	(1.11)	(2.27)
尽职尽责型	0.215	0.704***	0.398**	0.425**
	(1.29)	(3.38)	(2.34)	(2.01)

注：** 表示 $P<0.01$，*** 表示 $P<0.001$。

表 5-7　家庭教育投入对不同家庭背景儿童的好奇心影响

变量	家庭完整性			父母受教育水平	
	完整	不完整	文盲	高中以下	高中及以上
时间投入型	0.409*** (2.82)	3.000** (2.64)	−1.000 (−1.06)	0.478*** (2.68)	1.444*** (4.47)
经济投入型	0.254 (1.57)	2.333** (2.52)	−2.000* (−2.12)	0.353* (1.90)	1.175*** (3.47)
尽职尽责型	0.400*** (2.75)	2.600** (2.96)	−0.333 (−0.35)	0.356** (2.07)	1.571*** (5.02)

注：* 表示 $P<0.05$，** 表示 $P<0.01$，*** 表示 $P<0.001$。

（1）性别差异分析。女孩的好奇心受家庭教育投入的影响更大。和基础投入型相比，无论哪种教育投入类型，性别对好奇心的异质性影响作用都十分明显，且存在较大差异。尤其是时间投入型家庭教育投入对女孩的好奇心影响有高度统计学意义，远远强于男孩，说明家庭教育投入类型对于女孩的成长更加重要。可能的原因是相较于男孩，女孩各方面知觉较为敏感，对家长的依恋感更强，容易被家庭的教育投入影响其对新事物的积极主动探究态度。有研究表明，虽然父母对男孩的教育期望更高，但在陪伴时间上却体现出对女孩的偏爱（崔盛，宋房纺，2019）。同时，由于女孩在性格上更容易与家长进行良好的互动，有着较好的表现和态度，使时间投入型教育投入的影响增大。

（2）父母受教育程度差异分析。父母教育程度较高的儿童好奇心受教育投入的影响更大，假设 5-3 成立。父母受教育程度在高中及以上的家庭，家庭教育投入都对孩子的好奇心有着显著的影响。父母的人力资本水平决定着父母的社会经济地位，从而影响对儿童的教育期望与教育资源，他们对儿童抱有更高的教育期望，拥有更多的教育资源。因此与父母文化水平较低的儿童相比，父母文化水平较高的儿童的好奇心更容易受教育投入的影响。没有受过教育的父母对孩子的教育投入对儿童好奇心的影响大都是负向的，在经济投入型家庭中这一结果尤其显著。这可能是因为受教育程度较低的父母人力资本水平较低，收入水平不高，同时为了维持生计，时间也是家庭的稀缺资源。儿童的好奇心并没有得到家长足够的重视，即使投入了教育资源也可能因为方法或观念不正确而没有起到应有的作用，因此好奇心的发展大受影响。

（3）家庭结构差异分析。家庭不完整的儿童好奇心受家庭教育投入影响更大。家庭完整性根据父母婚姻状况判断，结婚记为完整家庭，离婚、丧偶、分居和未婚记为不完整家庭。如表5-7所示，时间投入型家庭教育投入中，家庭完整性对好奇心的异质性影响显著，不完整家庭的儿童好奇心受影响的相关系数比完整家庭的儿童高0.474。时间投入型是以家长对孩子的学习指导和与学校的沟通为主要投入形式的教育投入类型。完整的家庭能给予儿童更轻松愉悦的学习环境，更多高质量的陪伴，有利于好奇心的发展。而不完整的家庭中，儿童更渴求父母的陪伴。对孩子来说，这份时间投入的边际效应更高，尽管只有父亲或母亲单方面的陪伴，却对好奇心的发展影响更显著。

（4）父母教育期望差异分析。高教育期望的儿童受家庭教育投入的影响大于低教育期望儿童，假设5-2成立。根据父母期待儿童的受教育年限是否大于16年（本科毕业），将儿童分为高教育期望儿童和低教育期望儿童，进行异质性分析。分析结果显示高教育期望儿童的好奇心水平受家庭教育投入影响显著。这是因为父母对子女较高的教育期望会通过自证预言效应增强儿童的心理能力，提升儿童的好奇心。而低教育期望的儿童受时间投入较多的教育类型影响显著，受经济投入的教育类型影响不显著。这可能是因为这些儿童的父母给予他们的期待值不高，为他们提供的陪伴太少，因此他们受时间投入较多的教育类型影响更明显。

三、家长学业参与对农村儿童外向性的影响

（一）研究设计和样本描述

本节使用Z县调查数据进行实证分析。本节探讨的是家长学业参与对农村儿童外向性的影响效应与作用路径，被解释变量为连续变量，采用OLS线性回归模型估计家长学业参与对农村儿童外向性程度的影响效应，具体公式见式（5-2）。其中，Y_i表示结果变量，指被访农村儿童的外向性评估值；I_i表示处理变量，指被访儿童父母学业参与水平；X_i为控制变量组。经过OLS线性基础回归之后，采用White异方差稳健标准误检验对回归结果进行稳健性检验。

在探讨家长学业参与通过中介变量——家长关爱对农村儿童外向性产生的中介效应时，本节参照刘桂荣和滕秀芹（2016）的方法，在式（5-

2）的基础上加入中介变量，得到式（5-3），其中，M_i 为中介变量，中介效应的具体过程如图 5-2 所示。第一步通过逐步回归法验证家长关爱是否在家长学业参与与儿童外向之间起到中介效应，通过数据结果得到一个基本的判断；第二步通过 Sobel 检验和 Bootstrap 法对逐步回归法结果进行稳健性检验；第三步综合以上检验结果得出结论。

$$Y_i = \alpha_0 + \alpha_1 \cdot I_i + \varepsilon \cdot X_i + u_i \tag{5-2}$$

$$Y_i = \gamma_0 + \gamma_1 \cdot I_i + \beta \cdot M_i + \varepsilon X_i + u_i \tag{5-3}$$

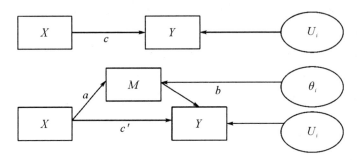

图 5-2 中介效应作用机制图

由于外向性特征各学者划分标准不同，本节主要借鉴 Costa 和 McCrae（1992）提出的"五因素模型"（five-factor model，FFM）对外向性的定义。根据上文分析过的外向性特征以及前人分类标准，本节将外向性划分为：积极情绪、社交性、自信、乐群性四个维度。

①积极情绪，以问卷中学生自评"我觉得自己总的来说还挺好"问题来衡量，采用 Likert5 点计分（1＝完全不符合，5＝非常符合），数值越大表示被访者积极情绪越强。②自信，以问卷中学生自评"我对自己很有信心"这个问题来衡量，采用 Likert5 点计分（1＝完全不符合，5＝非常符合），数值越大表示被访者自信越强。③社交性，以问卷中学生自评"我不容易交上朋友"这个问题来衡量，采用 Likert5 点计分（1＝完全不符合，5＝非常符合），并进行反向计分处理。反向计分处理之后，数值越大表示被访者社交性特质越强。④乐群性。以问卷中学生自评"我感到孤独"这个问题来衡量，采用 Likert5 点计分（1＝完全不符合，5＝非常符合），并进行反向计分处理。反向计分处理之后，数值越大表示被访者乐群性特质越强。

参考已有研究，将以上四个维度变量得分加总为最终外向性评估值，外向性为范围在4~20的连续变量，数值越大表示被访者外向性倾向越显著（雷万鹏，李贞义，2020）。本次测量内部一致性系数为0.62。

家长学业参与参考实证研究得出的家长学业参与四个维度（Sui-Chu & Willms，1996），包括如下四点。①亲子交流：指亲子之间对学校活动、课程学习、人际关系等方面的讨论，以问卷中"家长喜欢跟你说话、交谈"衡量（1＝从不，5＝总是），数值越大表示家长与孩子交流越频繁。②学业督导：主要是指家长检查孩子的作业，辅导孩子功课，以问卷中"家长检查你的作业"衡量（1＝从不，5＝总是），数值越大表示家长学业督导频率越高。③家长教育重视，表现家长对孩子教育的重视，以问卷中"家长询问你学校的情况"衡量（1＝从不，5＝总是），数值越大表示家长对孩子的学习教育越重视。④参与学校活动，主要是指家长参与学校组织的活动，如家长会等，以问卷中"家长参加学校召开的家长会"衡量（1＝从不，5＝总是），数值越大表示家长参与学校活动越频繁。

以上四个维度得分加总为家长学业参与的最终评估值，该评估值是范围4~20的连续变量，数值越大表示家长学业参与的水平越高。本次测量内部一致性系数为0.7。

采用家长关爱作为家长学业参与影响孩子外向性的中介变量。家长对孩子的关爱程度采用学生问卷中的"觉得家长是否对你生活关心"来衡量（1＝非常关心，5＝非常不关心），经反向计分处理后，数值越大表示家长对孩子关爱程度越高。

影响外向性的因素有很多，有个人方面的也有家庭方面的。为了减少遗漏变量对估计结果造成的偏差，除了家长学业参与之外，综合前面对影响外向性因素的文献综述，加入两类控制变量：从个体方面包括农村儿童的性别、年龄、与父母同住①；从家庭方面包括父母教育年限②（以父母双方其中一方最高受教育年限为准）、父母婚姻状况（分别为结婚、离婚、分居、未婚）。具体变量设置见表5-8。

---

① 采用是否与父母居住来反映儿童留守情况，只要未与父母其中一方共同居住，则认为没有与父母同住。

② 匹配监护人问卷。

表 5-8　变量说明及描述性统计

变量	定义	观测值	均值	标准差
被解释变量				
外向性	被访儿童的外向性测量水平	1 112	16.02	3.53
积极情绪	对自己目前状况的满意程度	1 106	3.78	1.12
社交性	对结交朋友的积极程度①	1 100	4.15	1.22
自信	对自己的信心程度	1 101	4.02	1.20
乐群性	对孤独感的感知程度②	1 100	4.22	1.21
解释变量				
家长学业参与	家长对孩子学业参与程度	1 112	13.48	4.12
亲子交流	亲子交流频率	1 101	3.44	1.29
学业督导	家长检查孩子作业频率	1 094	3.25	1.37
家长教育重视	家长主动询问孩子在校情况频率	1 096	3.30	1.31
参与学校活动	家长参加家长会的频率	1 101	3.67	1.31
中介变量				
家长关爱	家长对孩子的关心爱护程度	1 106	1.61	0.87
控制变量				
年龄	被访儿童年龄③	1 064	11.37	0.61
父母教育年限	父母其中一方最高受教育年限④	571	8.28	2.72

		频数	频率（%）
性别	男生＝1	549	49.59
	女生＝0	558	50.41
父母婚姻状况	结婚＝1	592	526
	离婚＝2	51	8.61
	分居＝3	12	2.03
	未婚＝4	3	0.51
与父母同住	是＝1	654	59.84
	否＝0	439	40.16

---

① 反向计分处理。

② 反向计分处理。

③ 被访儿童年龄按接受采访年份 2017 年折算。

④ 以小学学历 6 年，初中学历 9 年，高中学历 12 年，本科、专科学历 16 年，硕士学历 19 年计算。

（二）实证分析

1. 基准回归

为探究家长学业参与是否与农村儿童的外向性存在相关性，建立多元线性模型对其进行评估，结果见表 5-9。在加入相关控制变量的情况下，表中第 1 列数据结果显示家长学业参与对儿童积极情绪呈显著正相关（$r^2\_a = 0.083$，$P < 0.001$）。表中第 2 列数据结果反映的是家长学业参与对儿童自信的影响，家长学业参与对外向性自信维度的正向影响达到 1% 的显著水平（$r^2\_a = 0.082$，$P < 0.001$）。表中第 3 列数据结果反映了家长学业参与对外向性的社交性有显著正向影响（$r^2\_a = 0.084$，$P < 0.001$）。家长学业参与评估值每上升一个单位，对孩子社交性的作用效果达到 0.086。表中第 4 列数据结果反映了家长学业参与对孩子乐群性的影响状况，数据显示家长学业参与对儿童乐群性有明显的正向影响（$r^2\_a = 0.102$，$P < 0.001$）。表中第 5 列数据结果反映了家长学业参与对儿童外向性整体的影响，如表所示，家长学业参与对儿童外向性水平呈正相关关系（$r^2\_a = 0.17$，$P < 0.001$）。这也与前面所论述的相关研究结论相符合，假设 5-4 得到验证。

表 5-9　家长学业参与对儿童外向性各维度的影响

	（1）	（2）	（3）	（4）	（5）
	积极情绪	自信	社交性	乐群性	外向性
家长学业参与	0.072***	0.082***	0.086***	0.083***	0.326***
	(0.012)	(0.013)	(0.013)	(0.012)	(0.034)
性别—男生	0.076	0.068	0.018	0.055	0.237
	(0.094)	(0.100)	(0.104)	(0.096)	(0.268)
年龄	−0.056	−0.024	0.049	0.139*	0.188
	(0.081)	(0.085)	(0.089)	(0.082)	(0.229)
父母教育年限	0.042**	0.033*	0.023	0.040**	0.128**
	(0.018)	(0.019)	(0.020)	(0.018)	(0.051)
父母婚姻状况—离婚	−0.197	−0.200	0.108	−0.368**	−0.662
	(0.175)	(0.187)	(0.193)	(0.178)	(0.500)
父母婚姻状况—分居	−0.376	−0.175	0.050	0.158	−0.293
	(0.321)	(0.339)	(0.353)	(0.327)	(0.915)

表5-9(续)

	（1）	（2）	（3）	（4）	（5）
	积极情绪	自信	社交性	乐群性	外向性
父母婚姻状况—未婚	0.794	0.543	0.543	0.314	2.259
	（0.603）	（0.636）	（0.664）	（0.614）	（1.720）
与父母同住—是	0.020	0.092	-0.194*	0.138	0.108
	（0.098）	（0.103）	（0.107）	（0.099）	（0.278）
常数项	3.163***	2.911***	2.424**	1.194	8.665***
	（0.962）	（1.017）	（1.056）	（0.977）	（2.733）
观测值	502	499	502	501	504
r^2_a	0.083	0.082	0.084	0.102	0.173
F 统计量	6.677	6.560	6.750	8.120	14.178

注：括号内是标准误，*、**、*** 分别表示在10%、5%、1%的水平上显著。

　　为了检验回归结果的稳健性，对家长学业参与和外向性及其各维度的基准回归进行 White 异方差稳健标准误检验，结果如表5-10显示，外向性及其四个维度中，仅有社交性维度达到1%显著水平，在社交性维度拒绝原同方差假设，即有可能出现异方差情况。其他维度和外向性的 White 检验显著性水平未达到5%，无法拒绝同方差假设，即变量之间不存在异方差。为了排除异方差干扰回归结果的情况，采用 White 异方差稳健性估计对变量进行回归。结果显示采用 White 异方差稳健性估计之后各组标准误值降低，t 统计量降低，各项回归系数均显著。由此，可以判断子女的外向性，包括积极情绪、社交性、自信、乐群性四个维度显著地受到了家长学业参与的正向影响。这也与其他学者的研究相符合，家长学业参与增加了家长陪伴孩子的时间，使孩子感受到关爱和重视，增强孩子的安全感和归属感，缓解青春期的青少年对人际交往的敏感和偏执（李乐敏 等，2020；李波，2018）。孩子逐渐学会如何与他人建立亲密关系，直接增加孩子与他人合作、分享并帮助他人等亲社会行为，从而增强孩子在社交方面的能力（郑庆友，卢宁，2016）。

表 5-10　外向性各维度 White 异方差检验

	积极情绪	自信	社交性	乐群性	外向性
White 异方差检验结果 P 值	0.782 6	0.208 9	0.018 1***	0.070 2*	0.401 4

注：*、***分别表示在 10%、1%的水平上显著。

2. 家长关爱的中介作用

上述多元回归分析结果表明，家长学业参与对外向性具有显著的预测作用。结合前文的理论分析，根据在温忠麟和叶宝娟（2014）研究中所提出的中介效应流程，在控制相关变量的情况下，先采用逐步回归法验证中介效应模型，结果如表 5-11 所示。家长学业参与影响儿童外向性的总效用是 0.33，效果达到 1%水平显著。家长学业参与对儿童外向性的直接效应是 0.27，家长学业参与通过家长关爱对儿童外向性表现发挥的间接效应为 0.052（0.076×0.685），中介效应占比为 15.97%（0.076×0.685/0.326）。

表 5-11　家长关爱中介效应分析

步骤	作用路径	路径系数	P 值	偏度矫正置信区间
第 1 步	家长学业参与—外向性（path c）	$c = 0.326$	0.000***	[0.25, 0.39]
第 2 步	家长学业参与—家长关爱（path b）	$a = 0.076$	0.000***	[0.06, 0.09]
第 3 步	家长学业参与—家长关爱—外向性（path c'）	$b = 0.685$ $c' = 0.273$	0.000*** 0.000***	[0.37, 1.00] [0.20, 0.34]

注：括号内是 t 统计量，***表示在 1%的水平上显著。

为了进一步验证中介效应结果的稳健性，使用 Sobel 检验验证家长关爱在家长学业参与和外向性之间的中介效应，结果如表 5-12 所示。表 5-12 第 1 列数据结果显示了未加入控制变量组的中介效应结果，均达到 1%的显著水平。第 2 列数据结果显示加入控制变量组之后，家长关爱质量系数大致不变（0.702, $P <$ 0.001），家长学业参与系数有所增加（0.273, $P <$ 0.001）。根据数据输出结果，在控制相关变量的情况下，家长学业参与对儿童外向性表现的总效应为 0.328（直接效应 0.273 + 间接效应 0.055），中介效应占总效应比重为 16.67%。

表 5-12　家长关爱的中介效应 Sobel 检验

	外向性估计值	
	（1）	（2）
家长关爱	0.751***	0.702***
	（0.117）	（0.162）
家长学业参与	0.242***	0.273***
	（0.026）	（0.035）
性别		-0.309
		（0.262）
年龄		0.195
		（0.224）
父母教育年限		0.116**
		（0.051）
父母婚姻状况		0.301
		（0.430）
是否与父母居住		-0.007
		（0.274）
常数项	9.514***	6.343**
	（0.505）	（2.753）
观测值	1 104	504
r^2_a	0.158	0.201
F 统计量	104.659	19.040

注：括号内是标准误，**、*** 分别表示在 5%、1%的水平上显著。

为了进一步巩固检验结果，使用 Bootstrap 法进行检验，通过 Bootstrap 抽样 1 000 次计中介效应 95%置信区间，以检验所构建的中介效应模型。若置信区间包含数值 0，则认为效应不显著。根据数据输出结果（见表 5-13），第 1 列为未加入控制变量组结果，第 2 列为加入控制变量组结果。结果显示间接效应置信区间［95% CI：0.025，0.086］不包含 0，间接效应显著，假设 5-5 得到验证。

表 5-13　中介效应 Bootstrap 检验结果

	外向性估计值	
	（1）	（2）
间接效应	0.064 ***	0.055 ***
	（0.012）	（0.017）
直接效应	0.242 ***	0.273 ***
	（0.026）	（0.038）
观测值	1 104	504

注：括号内是标准误，*** 分别表示在 1% 的水平上显著。

这一结果表明了家长关爱在家长学业参与对农村儿童外向性的影响中起到了部分中介效应。在家长学业参与过程中，家长和孩子的双向互动能让子女切身感受到家长对他们的关爱和重视，这对影响孩子在家庭中的情感归属，从而营造良好的家庭氛围有着积极作用。良好的家庭氛围有助于孩子获得更多的积极情感体验，从而影响孩子的外向性表现。

四、家庭亲子互动对农村儿童自我认同的影响

（一）研究设计和样本描述

本节使用 Z 县调查数据进行实证分析，去除了存在较多缺失值的个案，最终使用由 975 名儿童构成的样本进行实证检验。首先，以儿童社会互动得分为解释变量，自我认同得分为被解释变量，构建回归模型检验社会互动对儿童自我认同的影响，见式（5-4）。其中，Y_i 表示第 i 个儿童的自我认同得分；$SociInt_i$ 表示第 i 个儿童某类社会互动得分；X_{ki} 指第 i 个儿童的第 k 个个体层次的影响因素，包括健康状况、校园受欺凌情况、性别、是否为留守儿童、月零花钱、是否有成年人陪伴上学；β_k 指第 k 个个体层面影响因素的回归系数；α 为固定截距；ε_i 为随机扰动项。

$$Y_i = \alpha + SociInt_i + \sum_{k=1}^{n} \beta_k X_{ki} + \varepsilon_i \qquad (5-4)$$

其次，采用结构方程模型检验三类社会互动对儿童自我认同的影响，以及与父母亲密度、与朋友亲密度和与老师亲密度在其中的中介作用。式（5-5）中，Y_i 表示第 i 个儿童的自我认同得分；$SociInt_{ij}$ 表示第 i 个儿童第 j

类（ $j = 1$ ，2，3）社会互动得分；θ_j 表示儿童第 j 类社会互动得分的回归系数；Intimacy$_{ik}$ 表示第 i 个儿童与第 k 类（ $k = 1$ ，2，3）互动对象的亲密度；β_k 表示儿童与第 k 类互动对象亲密度的回归系数；α 为固定截距；ε_i 为随机扰动项。公式（5-6）中，Intimacy$_{im}$ 和 SociInt$_{im}$ 分别表示第 i 个儿童与第 m 类（ $m = 1$ ，2，3）互动对象的亲密度和社会互动得分；γ_m 和 ε_{im} 分别表示方程 m（ $m = 1$ ，2，3）的固定截距和随机扰动项。为验证中介效应分析的可靠性，还采用 Bootstrap 中介效应检验方法对三类社会互动影响儿童自我认同的中介作用机制分别进行稳健性检验。

$$Y_i = \alpha + \sum_{j=1}^{3} \theta_j \mathrm{SociInt}_{ij} + \sum_{k=1}^{3} \beta_k \mathrm{Intimacy}_{ik} + \varepsilon_i \qquad (5\text{-}5)$$

$$\mathrm{Intimacy}_{im} = \gamma_m + \mathrm{SociInt}_{im} + \varepsilon_{im} \quad (m = 1, 2, 3) \qquad (5\text{-}6)$$

最后，以儿童社会互动得分为解释变量，自我认同得分为被解释变量，构建回归模型，检验社会互动对农村留守儿童和非留守儿童自我认同影响的差异，见公式（5-7）。其中，Y_i 表示第 i 个儿童的自我认同得分；SociInt$_i$ 表示第 i 个儿童某类社会互动的得分；LeftBeh$_i$ 表示第 i 个儿童是否为留守儿童；SociInt$_i \times$ LeftBeh$_i$ 为第 i 个儿童社会互动得分与是否留守的交互项；X_{ki} 指第 i 个儿童的第 k 个个体层次的影响因素，包括健康状况、校园受欺凌情况、性别、月零花钱、是否有成年人陪伴上学、与父母亲密度、与朋友亲密度、与老师亲密度；β_k 指第 k 个个体层面影响因素的回归系数；α 为固定截距；ε_i 则为随机扰动项。

$$Y_i = \alpha + \mathrm{SociInt}_i + \mathrm{LeftBeh}_i + \mathrm{SociInt}_i \times \mathrm{LeftBeh}_i + \sum_{k=1}^{n} \beta_k X_{ki} + \varepsilon_i$$
$$(5\text{-}7)$$

（1）被解释变量。使用包括以下 6 个问题的量表测量儿童的自我认同程度：我觉得自己总的来说还挺好、我对我目前的情况很满意、我对自己很有信心、我喜欢自己、我有很多值得自豪的地方、我觉得自己将来会成为一个有用和有作为的人。针对每一问题，儿童回答"完全不符合""不太符合""有些符合""比较符合"及"非常符合"分别得 0 分、1 分、2 分、3 分和 4 分。儿童的自我认同得分取值为六题得分之和（Cronbach's α = 0.789 3），取值范围是 0~24 分，总分越高表示儿童自我认同越强。

（2）解释变量。将儿童社会互动划分为亲子互动（包括父子互动、母子互动）、朋友互动和师生互动三类。通过儿童在调查前一个月内分别与父母、朋友、老师谈论以下内容频率的情况来测量之间的互动（亲子互动、朋友互动、老师互动）情况。具体交流内容包括以下四个方面：自己近来的情况、朋友近来的情况、自己将来的计划、在学校遇到的问题。针对每一问题，儿童回答"从不""共1~2次""一周1次""一周2~3次"及"几乎每天"分别得0分、1分、2分、3分和4分，将四题得分加总得到四类社会互动的得分。其中，亲子互动得分变量取值为父子互动、母子互动得分的算术平均值（父子互动和母子互动共8个测量问题Cronbach's α = 0.897 4），亲子互动、朋友互动（Cronbach's α = 0.882 3）和师生互动（Cronbach's α = 0.889 4）得分均为取值范围在0~20的连续变量，总分越高表示儿童与相应对象的互动程度越高。社会互动得分变量取值为三类社会互动得分之和，是取值范围在0~60的连续变量。

（3）中介变量。亲密度是社会互动中的情感体验，本章待检验中介变量包括与父母亲密度、与朋友亲密度、与老师亲密度。通过询问以下问题分别测量儿童与父亲、母亲、朋友、喜欢的老师、所有老师的亲密度：①你与妈妈之间有多亲密；②你与爸爸之间有多亲密；③你与朋友之间有多亲密；④你与最喜欢的老师之间有多亲密；⑤你与所有老师之间有多亲密。针对每一问题，儿童回答"没有此人""不太亲密""一般""亲密"及"非常亲密"分别得0分、1分、2分、3分和4分。与父母亲密度变量的取值为第①和②题得分的算术平均值，与朋友亲密度变量的取值是第③题得分，与老师亲密度变量取值是第④和⑤题得分的算术平均值。三类亲密度都为取值范围在0~4的连续变量，得分越高表示儿童与相应对象的亲密度越高。

（4）控制变量。将儿童个体层面的有关因素作为控制变量纳入分析，包括性别、是否为留守儿童、健康状况、月均零花钱数、上学是否有成年人陪伴、校园受欺凌情况（见表5-14）。

Z县农村的留守儿童占比达到32%，超过三成农村儿童不与双亲共同居住，64.31%的儿童上学没有成年人陪伴，78.67%的儿童月平均零花钱少于63.35元/月的平均水平，健康状况总体较好，校园欺凌程度较低。Z县农村儿童自我认同水平总体较高，平均得分16.93（S. D. = 5.17），儿童社会互动程度较低，三类社会互动平均得分均低于8。Z县农村儿童与父母亲密度最高，与朋友亲密度次之，与老师的亲密度相对最低。

表 5-14　样本描述统计

变量	取值及含义	连续变量			类别变量	
		最小值	最大值	平均值	标准差	频次	占比
被解释变量							
自我认同	取值越大认同程度越高	0	24	16.93	5.17		
核心解释变量							
亲子互动	取值越大互动程度越高	0	20	7.90	5.36		
朋友互动	取值越大互动程度越高	0	20	7.22	5.81		
师生互动	取值越大互动程度越高	0	20	3.40	4.86		
社会互动	取值越大互动程度越高	0	60	18.53	13.12		
中介变量							
与父母亲密度	取值越大亲密度越高	1	4	3.29	0.80		
与朋友亲密度	取值越大亲密度越高	0	4	2.80	0.90		
与老师亲密度	取值越大亲密度越高	0	4	2.20	0.84		
控制变量							
健康状况	取值越大越健康	1	5	3.57	1.14		
校园欺凌	取值越大受欺凌越多	6	30	9.96	4.90		
性别	1=男性					481	49.33%
	2=女性					494	50.67%
是否留守	1=留守					312	32.00%
	2=非留守					663	68.00%
月零花钱	1=低于平均水平					767	78.67%
	2=高于或等于平均水平					208	21.33%
陪伴上学	1=有成年人陪伴上学					348	35.69%
	2=没有成年人陪伴上学					627	64.31%

注：健康状况用儿童自评健康程度反映，差、一般、好、很好、极好依次取值 1~5。月均零花钱数以样本儿童的平均值（63.35 元/月）为线分为高于平均水平和低于平均水平两类。儿童是否留守根据其与父母的居住安排界定，若儿童既不与父亲居住也不与母亲居住，则界定为留守儿童，否则为非留守儿童。校园欺凌变量由以下 6 道题目构成的量表测量，取值为六题得分之和：①给我起难听的绰号，骂我，或嘲笑我；②打、踢、推、撞过我（不是玩的那种）；③故意抢或者损坏我的东西；④强迫我做我不喜欢的事情；⑤散布关于我的谣言，或背后说我的坏话，使其他同学不喜欢我；⑥故意把我排斥在他们的朋友之外，或者不让他们的朋友和我交往，好多活动也不让我加入。儿童回答从来没有、只有一两次、一个月两到三次、一周一次、一周好几次依次得分 1~5。

Z 县的调查数据显示，农村留守儿童与非留守儿童在自我认同、社会互动和亲密度方面存在显著差异，留守儿童处于相对不利地位（见表5-15）。第一，非留守儿童自我认同得分平均比留守儿童高0.74（$P = 0.035$ 7），留守儿童的心理发展水平较非留守儿童更低。第二，非留守儿童亲子互动、朋友互动、师生互动得分分别平均比留守儿童高2.17（$P < 0.000$ 1）、1.21（$P = 0.002$ 3）和0.78（$P = 0.018$ 8）。对于留守儿童而言，双亲均不在家中势必会弱化亲子间的互动，正常的亲子关系和父母对儿童的教养过程被改变，儿童与父母亲密度由此受到不利影响。第三，非留守儿童与父母亲密度、与朋友亲密度分别平均比留守儿童高0.13（$P = 0.013$ 6）和0.19（$P = 0.002$ 3）。留守儿童存在焦虑、孤独、抑郁等方面心理健康问题的可能性更大，可能因此减少与朋友、老师的正常交流互动。中国农村普遍依托学校开展各类对留守儿童的关爱活动，教师也由于身份要求会主动关心留守儿童，这可能是留守儿童与非留守儿童在与老师亲密度方面未表现出显著差异的原因。

表5-15　农村留守儿童与非留守儿童有关指标均值差异

	自我认同	亲子互动	朋友互动	师生互动	与父母亲密度	与朋友亲密度	与老师亲密度
留守儿童	16.43	6.43	6.4	2.87	3.2	2.67	2.14
非留守儿童	17.17	8.6	7.61	3.65	3.33	2.86	2.23
均值差	−0.74**	−2.17***	−1.21***	−0.78**	−0.13**	−0.19***	−0.09

注：**、*** 分别表示 $P<0.05$、$P<0.01$。

（二）实证分析

1. 社会互动对农村儿童自我认同的影响

基于 ROBUST OLS 方法的回归结果显示，亲子互动、朋友互动、师生互动对农村儿童自我认同都具有显著正向影响。将三类互动整体考虑时，农村儿童的社会互动增强对其自我认同的强化也具有显著解释力（见表5-16）。农村儿童在不同的社会互动关系中，能够实践其自身所学习和观察到的人际交往知识或技能，并在交流互动中获得社会参与感，对于自我的认识和发展规划也不断实践和深入。实证分析结果反映出父母、同伴群体和老师作为重要他人在农村儿童自我认同发展过程中的影响力，特别是家庭内部的亲子关系通过父母与儿童之间的有效互动对儿童自我认同发展发挥积极作用。假设5-6得到证实。

表 5-16 社会互动对农村儿童自我认同的影响

变量	模型 a1	模型 a2	模型 a3	模型 a4
亲子互动	0.295 3[+] (0.030 1)			
朋友互动		0.210 6[+] (0.027 93)		
师生互动			0.178 5[+] (0.029 5)	
社会互动				0.117 5[+] (0.011 8)
性别（女）	−0.153 8 (0.306 2)	−0.180 2 (0.310 8)	0.039 1 (0.314 1)	−0.172 3 (0.306 3)
健康状况	0.868 6[+] (0.144 3)	0.944 4[+] (0.144 0)	0.956 9[+] (0.147 0)	0.840 5[+] (0.144 7)
月零花钱 （高于或等于平均水平）	−0.478 6 (0.387 8)	−0.455 8 (0.396 7)	−0.410 1 (0.401 8)	−0.625 6 (0.390 4)
是否留守（非留守）	0.118 9 (0.329 7)	0.473 6 (0.331 2)	0.576 1[*] (0.344 4)	0.276 7 (0.330 0)
陪伴上学 （没有成年人陪伴）	0.054 2 (0.322 1)	−0.252 4 (0.321 6)	−0.257 8 (0.326 7)	−0.035 9 (0.317 9)
校园欺凌	−0.080 2[**] (0.034 2)	−0.079 5[**] (0.035 2)	−0.085 2[**] (0.036 3)	−0.085 1[**] (0.034 4)
常数项	12.362 6[+] (−0.791 7)	12.862 8[+] (0.780 6)	13.601 6[+] (0.801 5)	12.660 0[+] (0.777 0)
F（7，967）	29.53 $P<0.000\ 1$	19.84 $P<0.000\ 1$	17.05 $P<0.000\ 1$	27.37 $P<0.000\ 1$
N	975	975	975	975

注：表中报告 Robust OLS 回归系数，括号中为 Robust SE。性别、月零花钱、是否留守、陪伴上学四个分类变量的参照类分别是男性、小于平均水平、留守、有成年人陪伴。[*]、[**] 和+分别表示 $P<0.1$、$P<0.05$ 和 $P<0.001$。

随机抽取样本的 50%进行稳健性检验，儿童自我认同得分为被解释变量，ROBUST OLS 回归（N=488）结果显示：第一，亲子互动得分为核心解释变量的模型 F（7，480）=12.59（$P<0.000\ 1$），亲子互动得分影响系数是 0.261 6（Robust S. E. =0.039 1，$P<0.001$）。第二，朋友互动得分为核心解释变量的模型 F（7，480）=8.34（$P<0.000\ 1$），朋友互动得分的影响系数是 0.182 8（Robust S. E. =0.039 1，$P<0.001$）。第三，师生互动得分为核

心解释变量的模型 F（7，480）= 8.51（$P < 0.000\,1$），师生互动得分的影响系数是 0.173 6（Robust S. E. =0.036 8，$P < 0.001$）。第四，将儿童的三类互动得分加总，以社会互动得分为核心解释变量的模型 F（7，480）= 11.66（$P < 0.000\,1$），社会互动得分变量的系数是 0.101 9（Robust S. E. =0.015 2，$P < 0.001$）。可见，关于社会互动正向影响儿童自我认同的结论具有稳健性，亲子互动、朋友互动、师生互动都有利于儿童强化自我认同。

2. 亲密感的中介作用

社会互动对农村儿童自我认同发挥正向影响的前提之一，是儿童可从与不同对象的互动关系中得到积极的感受或体验，与互动对象的亲密度则是这种感受或体验的直接反映。因此，本节检验与互动对象亲密度在社会互动影响农村儿童自我认同过程中的中介作用。基于上述分析，建立结构方程模型估计各路径的影响程度（见图 5-3）。第一，亲子互动得分对农村儿童自我认同得分的直接影响是 0.237 8，间接影响是 0.102 8，且直接效应和间接效应都显著。在亲子互动得分影响农村儿童自我认同得分的路径中，与父母亲密度的中介效应占总效应的 30.18%。第二，朋友互动得分对农村儿童自我认同得分的直接影响是 0.109 4，间接影响是 0.030 3，且直接效应和间接效应都显著。在朋友互动得分影响农村儿童自我认同得分的路径中，与朋友亲密度的中介效应占总效应的 21.69%。第三，师生互动得分对农村儿童自我认同得分的直接影响是 0.037 9，间接影响是 0.021 4，仅间接效应显著，在师生互动得分影响农村儿童自我认同得分的路径中，与老师亲密度的中介效应占总效应的 36.09%。可见，亲子互动、朋友互动和师生互动，在直接正向影响农村儿童自我认同的同时，分别通过与父母亲密度、与朋友亲密度、与老师亲密度的中介作用间接对儿童自我认同发展产生积极影响，假设 5-7 得到实证支持。

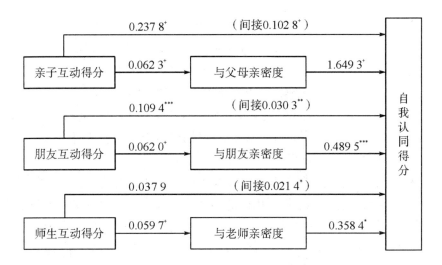

图 5-3　社会互动影响农村儿童自我认同的中介机制结构方程模型拟合结果

注：模型 N=975，估计方法为极大似然估计，Log likelihood＝－14 987.62，LR 检验 chi2（9）＝131.85（P<0.000 1）；图中报告数字为回归系数，*、*** 和 + 分别表示 P<0.1、P<0.01 和 P<0.001。

使用 Bootstrap 法检验社会互动影响农村儿童自我认同中介作用机制的稳健性，分别检验与父母亲密度、与朋友亲密度和与老师亲密度的中介效应，Bootstrap 重复抽样次数设定为 1 000 次。结果显示：与父母亲密度间接效应的置信区间为 ［0.081 6，0.140 2］，中介效应成立，总效应为 0.322 9，中介效应占总效应的 33.97%。与朋友亲密度间接效应的置信区间为 ［0.023 6，0.075 9］，中介效应成立，总效应为 0.235 6，中介效应占总效应的 20.46%。与老师亲密度间接效应的置信区间为 ［0.037 5，0.094 8］，中介效应成立，总效应为 0.214 3，中介效应占总效应的 29.44%。可见，与父母亲密度、与朋友亲密度和与老师亲密度分别在农村儿童亲子互动、朋友互动、师生互动影响自我认同的过程中发挥中介作用的结论是稳健的，农村儿童增强社会互动可提升其与互动对象的亲密度，对自我认同的强化起到积极作用。

良好互动的关键在于有效沟通，沟通带来的情感体验又是社会环境的重要组成部分。社会互动不仅直接作用于农村儿童的自我认同，也可通过亲密感这种情感体验来传递对儿童自我认同的影响。鉴于家庭中相对传统的养育观念等原因，农村儿童在亲子互动中可能无法得到足够的有效沟通和情感支持，儿童与父母亲密度受损从而不利于儿童自我认同发展。在义务教育普及和不断发展的背景下，作为农村儿童除家庭外最重要的生活空间，在学校中与老师互动、与同学朋友互动为农村儿童提供了更多的社会互动场景，因增强互动而与老师或朋友亲密度的提升也有利于农村儿童强化自我认同。

3. 朋友互动对农村留守和非留守儿童影响的差异

为检验留守和非留守两种不同社会情境中社会互动对农村儿童自我认同影响的差别，分别构建包含"是否留守"变量与三类社会互动对应变量交互项的模型（见表5-17）。结果显示无论留守与否，亲子互动、师生互动对农村儿童自我认同的积极影响没有表现出显著差异（模型b1和b3）。与之不同的是，朋友互动对农村儿童自我认同的积极影响在留守儿童和非留守儿童中并不一致，留守儿童自我认同发展可更大程度受益于与朋友互动的增强（模型b2）。即使同时考虑三类互动在留守儿童与非留守儿童中作用的差别（模型b4），朋友互动对于留守儿童自我认同具有更大正向影响的结果依然稳健（$P<0.05$），家庭互动仍未表现出作用力大小的差异，师生互动对非留守儿童自我认同有更强的正向影响（$P<0.1$）。

表5-17　社会互动对农村留守儿童与非留守儿童自我认同影响的差异

变量	模型 b1	模型 b2	模型 b3	模型 b4
亲子互动	0.179 2[+] (0.050 5)	0.127 9[+] (0.035 2)	0.131 2[+] (0.035 4)	0.135 0[**] (0.056 7)
朋友互动	0.078 5[**] (0.035 8)	0.165 6[+] (0.046 1)	0.081 4[**] (0.035 8)	0.201 9[+] (0.054 0)
师生互动	0.014 2 (0.036 7)	0.012 6 (0.036 3)	0.001 0 (0.060 7)	−0.083 4 (0.064 3)
是否留守（非留守）	0.586 5 (0.575 9)	0.909 0[*] (0.532 3)	0.049 2 (0.387 7)	0.956 6 (0.613 0)
亲子互动×是否留守 （非留守）	−0.070 5 (0.057 1)			−0.016 5 (0.068 1)
朋友互动×是否留守 （非留守）		−0.121 2[**] (0.052 2)		−0.170 3[**] (0.067 2)
师生互动×是否留守 （非留守）			0.011 2 (0.063 0)	0.132 8[*] (0.075 2)
控制变量	已控制	已控制	已控制	已控制
常数项	6.319 8[+] (1.088 4)	6.037 9[+] (1.096 9)	6.642 4[+] (1.062 7)	6.037 8[+] (1.098 5)

表5-17（续）

变量	模型 b1	模型 b2	模型 b3	模型 b4
F（13，961）	21.63 $P<0.0001$	22.14 $P<0.0001$	21.21 $P<0.0001$	19.49 $P<0.0001$
N	975	975	975	975

注：表中报告 Robust OLS 回归系数，括号中为 Robust S. E.。控制变量包括与父母亲密度、与朋友亲密度、与老师亲密度、性别、健康状况、校园欺凌、陪伴上学、月零花钱。性别、月零花钱、陪伴上学、是否留守4个分类变量的参照类分别是男性、小于平均水平、留守、有成年人陪伴。*、** 和+分别表示 $P<0.1$、$P<0.05$ 和 $P<0.001$。

　　家庭对儿童成长有基础性作用，亲子互动是儿童最重要的社会互动内容，对儿童自我认同发展的积极作用未因儿童留守状态的不同而产生差异。因此，从社会互动角度考虑对包括自我认同在内的儿童心理发展进行干预，无疑须首要考虑增强家庭中儿童与父母间有效的亲子互动，以更好发挥亲子关系在儿童发展中的有利影响。农村留守儿童因父母外出工作导致家庭亲子互动减弱，但其自我认同发展可因与朋友互动的强化得到更大的积极作用（见图5-4），作为儿童社会化的重要影响因素之一，与朋友互动的强化在一定程度补偿了亲子互动受损带来的消极影响，同伴群体对儿童发展的重要作用不言而喻。师生互动对农村留守和非留守儿童自我认同影响力大小存在差异但统计显著性较弱，这可能与我国关爱农村留守儿童各项行动多依托学校开展等因素有关，具体原因仍有待进一步研究。

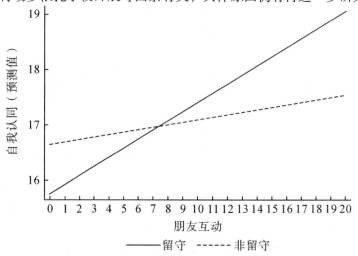

图5-4　朋友互动对留守儿童与非留守儿童自我认同影响的差异

五、本章小结

本章通过时间投入和经济投入的多少对家庭教育投入进行交叉分类，通过回归分析，探讨不同家庭教育投入类型对儿童好奇心的影响，通过异质性分析，验证了家庭教育投入类型对儿童好奇心有影响、影响存在性别差异和家庭教育投入类型对父母受教育程度高的儿童影响更显著的假设。具体而言：第一，时间投入型家庭教育投入的儿童拥有最高的好奇心水平，且受正向影响显著，而基础投入型家庭教育投入的儿童好奇心水平最低。家庭的时间投入对儿童来说意义重大，在儿童好奇心发展方面起着积极的作用。第二，性别与儿童的好奇心水平具有显著相关性。男生的好奇心普遍高于女生。第三，高期望儿童所受到的家庭教育投入的影响更显著。第三，家庭教育投入类型对女生、不完整家庭儿童的影响更加显著。研究结果也和现有研究（Hango，2007）的研究结论一致，父母对子女教育投入的变化对较为弱势的儿童影响更大，父母教育投入模式的转变对他们更加重要。第四，父母受教育程度越高，儿童的好奇心越受教育投入的影响。

本章探讨了家长学业参与对子女非认知能力中外向性的影响。子女的外向性显著地受到了家长学业参与的正向影响。一方面，家长与子女之间的沟通增加，能使孩子的心理情绪得到调节。负面情绪得到家长的及时反馈，会减少孩子沮丧、抑郁情绪的产生，从而激发孩子的正面情绪（周波，张智，2007）。正如之前的研究所证实，掌握孩子的学业情况并传达教育重要性的家长，能够帮助孩子体验到快乐和减轻他们的情绪困扰，这样的儿童更加乐观、自信，表现出更加合群、亲近他人的倾向（Grolnick et al.，2000）。另一方面，家长通过智力参与，激发了孩子的学习兴趣，发展了孩子的认知技能，使孩子面对学习任务时更有信心，而这种自我信念的加强也会从学业延伸至孩子日常待人接物乃至孩子的性格之中（韩仁生，王晓琳，2009）。同时，本章还验证了家长关爱在家长学业参与和子女的外向性之间起到部分中介作用。家长学业参与水平越高，家长与子女的交流互动越频繁，孩子越能感受到家长对他们的关爱与重视，家庭关系越发和谐，孩子的外向性也就越明显。这也与其他学者的研究相符合，家人的关怀对家庭和谐关系有着重要作用，而这些家庭的内部人际交往是影响孩子的行为和情感健康的重要指标（Ackard et al.，2006）。

包括家庭亲子互动在内的社会互动对儿童发展有不可替代的作用，亲子互动、朋友互动和师生互动构成农村儿童社会互动的主要内容。无论是整体考虑还是分类型观察，农村儿童社会互动的增强对其自我认同的强化都具有显著预测力。社会互动的这种积极影响不仅直接发挥作用，在一定程度上还可通过儿童与互动对象之间的亲密度来传递。与非留守儿童相比，留守儿童的自我认同程度较低，各类社会互动也较弱。因家庭对儿童成长的重大意义，亲子互动对不同留守状态儿童自我认同的正向影响未表现出显著差异。与非留守儿童相比，留守儿童的自我认同发展受朋友互动正向影响的程度更大，对于父母外出务工的留守儿童来说，与朋友互动的增强在一定程度上对亲子互动受损带来的消极影响进行了补偿，同伴群体对其发展可能有更大的影响力。

第六章 农村儿童问题行为：家庭教育参与的抑制作用

一、理论视角下家庭教育参与与农村儿童问题行为

儿童攻击行为是儿童问题行为的子集。Jessor 的问题行为理论认为，促使儿童产生问题行为的因素是复杂而非单一的，社会环境对于儿童行为的影响主要可分为风险因素和保护因素。这些因素相互影响、相互作用，共同影响儿童行为的产生。其中，风险因素导致问题行为的产生，而保护因素可能直接阻碍问题行为的发生，也可能在风险因素和问题行为之间起到调节保护的作用。风险因素主要包括：第一，家庭环境，如家暴、酗酒、贫穷等；第二，社会交往对象，如邻里、朋友的犯罪行为等；第三，个体自身因素，如基本生理特征、自尊心、个人所经历的不良事件等。保护因素包括：第一，家庭环境，如言传身教、教育参与；第二，社会交往对象，如亲子关系、师生、同伴及邻里间良好的关系网络；第三，个体自身因素，如高智商等。这些因素之间可能互为因果，互相作用，形成复杂的问题行为综合理论模型（见图 6-1）（Jessor, 2017）。

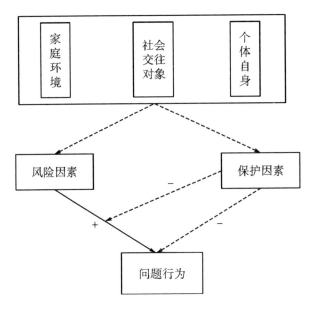

图 6-1　问题行为综合理论模型

　　阐释攻击行为的理论主要有认知联想理论、社会学习论、社会互动论、脚本理论、兴奋转移理论、一般攻击模型以及生态系统理论（贾守梅，汪玲，2011；蒋俊梅，2002；智银利，刘丽，2003）。其中，生态系统理论认为，社会环境各个系统及各系统间相互作用对个体产生的影响，均存在对儿童问题行为的效应，其中家庭和同伴是影响攻击行为发生的重要子系统。

　　综合来看，问题行为综合理论模型考虑了问题行为发生的各种影响机制，但忽视了各个社会环境系统之间相互影响的作用（张国礼，董奇，2011）。该模型只考虑了各个社会环境系统直接或间接作用于问题行为的状况，对各个社会环境系统关系的作用考虑不够充分，生态系统理论正好弥补了这方面的不足。

　　总体而言，儿童攻击行为的形成是多个社会微系统共同作用所致，社会微系统交互作用进而导致儿童问题行为的产生（田菲菲，田录梅，2014）。当其中一种社会微系统作用于儿童问题行为时，另一种微系统可以起到制约这种影响的作用（田录梅 等，2012）。例如，父母可以在同伴影响儿童违纪行为的机制上起到保护作用（Schofield et al.，2015）。此外，这些社会微系统可能通过影响儿童心理社会适应进而导致儿童问题行为的产生，如不良同伴交往会影响儿童心理社会适应（梁晓燕 等，2015；Farrington，2000），使得儿童出现认知、态度、信念等方面的偏差进而产生攻击行为（Anderson & Bushman，2002）。在此过程中，家长的教育参与可能会在这种问题行为形成的机制中起到保护作用。

基于此，本章提出以下研究假设。

假设6-1：不良同伴交往越多的农村儿童，心理社会适应越差，从而所发生的攻击行为越多。

假设6-2：家长的教育参与对农村儿童受不良同伴交往影响而产生攻击行为的机制具有抑制作用。

二、家庭教育参与与农村儿童问题行为

（一）研究设计

本章使用 Z 县调查数据进行实证分析。根据相关变量的数据情况，去除有较多缺失信息的观测值，参与实证分析的样本量为 1 050 个。本章检验不良同伴交往对农村儿童攻击行为的影响机制。具体而言，采用中介效应模型检验心理社会适应在不良同伴交往影响农村儿童攻击行为过程中的中介作用，采用有调节的中介效应模型检验家长教育参与在不良同伴交往影响儿童攻击行为过程中的保护作用。

1. 不良同伴交往

不良同伴交往指与具有违纪行为的同辈群体结伴交往的行为（侯珂 等，2017；王艳辉 等，2017）。对不良同伴的测量通常采用偏差同伴问卷（金灿灿 等，2012）进行，问卷测量打架、离家出走、旷课、逃学等 8 种同伴违纪行为的情况。以此为基础，本章用 8 个问题构成不良同伴量表（见表 6-1），针对每个问题询问被访儿童"你有几个朋友有以下情况"，回答"没有""一到两个这样的""三到五个这样的"分别赋值为 1~3。将 8 个问题答案取值加总得到不良同伴交往变量的取值，值越大则同伴存在不良行为越严重（$\alpha = 0.65$）。

表 6-1　主要变量的测量

变量		问题	变量	问题
不良同伴交往		逃课、旷课、逃学	攻击行为	给某些同学起难听的绰号，骂他们，或嘲笑他们
		违反学校纪律被批评、处分		打、踢、推、撞过其他同学（不是玩闹的那种）
		打架		故意抢或者损坏一些同学的东西
		抽烟、喝酒		强迫某些同学做不喜欢的事情
		退学		散布一些同学的谣言，或背后说他们的坏话，使别的同学不喜欢他们
		叫你不要听父母的话		故意把某些同学排斥在我的朋友之外，或者不让我的朋友和他们交往，好多活动也不让他们加入
		鼓励你做你父母不希望你做的事	情感支持	当你做得不对时，家长会问清楚原因，并与你讨论该怎样做
		鼓励你做危险的事		家长鼓励你努力去做事情
心理社会适应	情绪适应	我找不到人谈话		家长在跟你说话的时候很和气
		我很难让别的同学喜欢我		家长鼓励你独立思考问题
		我不容易交上朋友		家长要你做事时，会跟你讲这样做的原因
	人际适应	我能主动和不熟悉的人对话		家长喜欢跟你说话、交谈
		我可以跟其他人和睦相处	直接参与	家长询问你学校的情况
		大多数时候，我在和他人发生冲突时能控制自己的情绪		家长检查你的作业
				家长辅导你的功课
	自我适应	我觉得自己总的来说还挺好		家长和你一起做活动（如下棋、游玩）
		我不喜欢我现在的生活状况		家长表扬你
		我觉得自己将来会成为一个有用和有作为的人		家长参加学校召开的家长会

表格中"家长教育参与"为"情感支持"和"直接参与"两部分的跨行变量。

2. 心理社会适应

心理社会适应主要包括情绪适应、人际适应以及自我适应（夏锡梅，侯川美，2019；张桂平，兰珊，2020），本章由 9 个问题构成的量表测量心理社会适应变量（见表6-1），针对反映情绪适应的3个问题及反映自我适应的3个问题，被访儿童回答"完全不符合"或"不太符合"赋值为1，回答"有些符合"赋值为2，回答"比较符合"或"非常符合"赋值为3。针对反映人际适应的3个问题，被访儿童回答"非常不同意"或"不同意"赋值为1，回答"有些不同意"或"有些同意"赋值为2，回答"同意"或"非常同意"赋值为3。将9个问题答案取值加总得到心理社会适应变量的取值，值越大则心理社会适应越好（$\alpha = 0.67$）。

3. 攻击行为

攻击行为指有意图直接伤害他人的行为（蒋俊梅，2002）。本章使用由6个问题构成的测量儿童攻击行为的量表标准（见表6-1）。针对每个问题，询问被访儿童"你的好朋友中有没有以下情况?"回答"从来没有""只有一到两次""一个月两到三次""一周一次"和"一周好几次"分别赋值为1~5。将6个问题答案取值加总得到攻击行为变量的取值，值越大则攻击行为越严重（$\alpha = 0.83$）。

4. 家长教育参与

家庭教育是儿童教育体系的重要组成部分。本章基于Coleman对家长教育参与的研究，结合近年来学界对于家长教育参与的定义，将家长教育参与定义为家长为了促进儿童发展而通过情感支持（说话语气、风格等）以及直接参与（辅导作业等）与儿童互动的一种方式（Coleman，1988；Rogers et al.，2018）。本章通过由12个问题（情感支持与直接参与两大类，每类6个问题）构成的量表测量家长教育参与（见表6-1），针对每一个问题询问被访儿童"下面是一些家长对待孩子行为的描述，请根据实际情况，选择你家长对待你的方式"。回答"从不""极少""有时""经常"和"总是"分别赋值1~5。将12个问题答案取值加总得到家长教育参与变量的取值，值越大则家长教育参与越多（$\alpha = 0.90$）。

5. 控制变量

控制变量包括性别、是否为留守儿童、父母是否吵架以及老师是否重视，均设置为二分类变量。其中，对于性别变量而言，女孩和男孩分别取值0和1；是否为留守儿童变量，若农村儿童父亲或母亲至少有一方外出工作，则表示留守，取值为1，否则取值为0；父母是否吵架变量，根据被访儿童就"你的爸爸、妈妈之间经常吵架吗?"问题的答案赋值，"会"和"不会"分别取值1和0；老师是否重视变量，根据被访儿童就"老师重视你吗?"问题的答案赋值,"重视"和"不重视"分别取值 1 和 0。未将年龄纳入控制变量是因为调查对象都为五年级学生,年龄差异小,样本平均年龄 11.36 岁,标准差 0.58 岁。

(二) 家长教育参与对农村儿童攻击行为的抑制作用

1. 影响机制:心理社会适应的中介作用

使用逐步回归法检验心理社会适应在不良同伴交往影响农村儿童攻击行为路径上的中介作用,并利用 Bootstrap 法(温忠麟,叶宝娟,2014)进行检验,结果如表 6-2 所示。模型 1 结果显示,不良同伴交往与农村儿童攻击行为呈显著正相关($r^2 = 0.049$,$P < 0.001$),相关系数为 $c = 0.650$,总体而言与不良同伴交往增多可能增加农村儿童的攻击行为。模型 2 结果显示,不良同伴交往与农村儿童心理社会适应显著负相关($r^2 = 0.092$,$P < 0.001$),相关系数为 $a = -0.513$,不良同伴交往增多可能导致农村儿童心理社会适应变差。模型 3 结果显示,在模型 1 解释变量中加入心理社会适应变量后,不良同伴交往与农村儿童攻击行为显著正相关($r^2 = 0.107$,$P < 0.001$),但相关系数降至 0.517;同时心理社会适应与农村儿童攻击行为之间表现出显著负相关($P < 0.001$),相关系数为 -0.263。也即,不良同伴交往对农村儿童供给行为的正向影响,部分通过影响农村儿童心理社会适应而间接发生作用,不良同伴交往增多损害了农村儿童心理社会适应,进而导致其攻击行为的增加。

根据模型结果,各路径影响系数如图 6-2 所示,计算得到不良同伴交往通过心理社会适应间接影响农村儿童攻击行为这一机制的中介效应,占总效应的 20.72%,假设 6-1 成立。利用 Bootstrap 方法抽样 1 000 次进行稳健性分析,检验结果显示中介效应占总效应的 20.06%。结果如表 6-2 模型 4 所示,结果与逐步回归法基本一致,不良同伴交往越多的农村儿童,心理社会适应越弱,从而攻击行为越多。

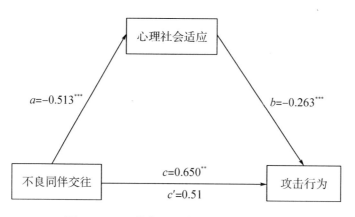

图 6-2　心理社会适应的中介作用检验结果

表 6-2　心理社会适应的中介作用检验结果

解释变量	逐步回归			Bootstrap
	模型 1	模型 2	模型 3	模型 4
	被解释变量：攻击行为	被解释变量：心理社会适应	被解释变量：攻击行为	被解释变量：攻击行为
不良同伴交往	0.650 ***	−0.513 ***	0.517 ***	
	(6.37)	(−5.47)	(5.15)	
性别	−0.230	0.365 *	−0.135	
	(−1.05)	(1.79)	(−0.63)	
是否为留守儿童	0.042	−0.401 **	−0.075	
	(0.20)	(−2.03)	(−0.36)	
父母是否吵架	0.250	−0.225	0.183	
	(1.14)	(−1.10)	(0.86)	
老师是否重视	0.057	1.448 ***	0.446 **	
	(0.26)	(7.10)	(2.05)	
心理社会适应			−0.263 ***	
			(−8.26)	
相关系数 c				0.134 ***
				(4.20)
相关系数 c'				0.517 ***
				(4.53)
常数项	7.554 ***	21.549 ***	13.222 ***	
	(25.22)	(77.38)	(17.75)	

表6-2(续)

解释变量	逐步回归			Bootstrap
	模型 1	模型 2	模型 3	模型 4
	被解释变量：攻击行为	被解释变量：心理社会适应	被解释变量：攻击行为	被解释变量：攻击行为
N	1 050	1 076	1 050	1 050
r^2	0.049	0.092	0.107	
F	10.693	21.746	20.863	

注：括号内数值为 t 值，* , ** , *** 分别代表在10%，5%，1%水平上显著。表中性别变量的参照类为男孩，是否为留守儿童变量的参照类为非留守，父母是否吵架变量的参照类为父母不吵架，老师是否重视变量的参照类为老师不重视。

2. 保护作用：家长教育参与对中介效应的调节

使用有调节的中介效应模型检验家长教育参与在不良同伴交往通过影响心理社会适应间接影响农村儿童攻击行为这一路径中的作用（温忠麟 等，2005；叶宝娟，温忠麟，2013）。假设家长教育参与在上述中介路径的前后半段同时发挥作用，即家长教育参与对不良同伴交往增加导致农村儿童心理社会适应变差、农村儿童心理社会适应变差导致攻击行为增多这两组关系都存在调节作用，建立结构方程进行分析，结果如图6-3所示。家长教育参与表现出对中介路径的负向调节作用，整体相关系数为-0.1（ $P < 0.001$ ）。可见，不良同伴交往的增加虽然可能通过损害农村儿童心理社会适应从而增加其攻击行为，但家长教育参与有助于弱化这一机制的作用强度，在农村儿童攻击行为形成过程中起到保护作用，假设 6-2 得到实证支持。

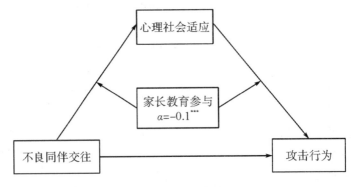

图 6-3　中介调节理论模型

3. 作用途径：家长教育参与对攻击行为受心理社会适应影响的调节

不良同伴交往通过心理社会适应间接影响农村儿童攻击行为，在此过程中家长教育参与存在保护作用，这种保护作用可能发生在上述中介机制路径的前半段或后半段，也可能在两段同时发生。因此，如表6-3所示，分别检验家长教育参与在不良同伴交往影响农村儿童心理社会适应（模型5）、农村儿童心理社会适应影响攻击行为（模型6）两条路径上的调节作用。由模型5可见，家长教育参与和不良同伴交往的交互项系数极小且不具有统计显著性（$r^2 = 0.238$，$P = 0.27$），表明在不良同伴交往增多损害农村儿童心理社会适应的路径上，家长教育参与未表现出显著的调节效应。由模型6可见，家长教育参与和心理社会适应的交互项系数是−0.006，且具有统计显著性（$r^2 = 0.089$，$P < 0.05$），表明家长教育参与对农村儿童心理社会适应负向影响其攻击行为的路径具有显著负向调节作用。即当农村儿童心理社会适应因某种原因变差时，攻击行为可能因此而增加；但若家长教育参与增多，农村儿童攻击行为增加的程度可能更低，家长教育参与在心理社会适应负向影响农村儿童攻击行为的路径中可能发挥保护作用（见图6-4）。

表6-3　家长教育参与对中介机制两段影响路径的调节

变量	模型5 被解释变量：心理社会适应	模型6 被解释变量：攻击行为
不良同伴交往	−0.332 (−1.11)	
家长教育参与	0.121 *** (12.07)	0.137 ** (2.12)
不良同伴交往×家长教育参与	−0.000 (−0.00)	
性别	0.161 (0.83)	−0.493 ** (−2.33)
是否为留守儿童	−0.068 (−0.36)	0.145 (0.67)
父母是否吵架	0.033 (0.17)	0.178 (0.81)

表6-3(续)

变量	模型5 被解释变量： 心理社会适应	模型6 被解释变量： 攻击行为
老师是否重视	0.769 ***	0.505 **
	(3.84)	(2.19)
心理社会适应		-0.053
		(-0.46)
心理社会适应×家长教育参与		-0.006 **
		(-2.15)
常数项	16.864 ***	9.029 ***
	(35.51)	(3.66)
N	995	971
r²	0.238	0.089
F	44.016	13.385

注：括号内数值为 t 值，**，*** 分别代表在5%，1%水平上显著，表中性别变量的参照类为男孩，是否为留守儿童变量的参照类为非留守，父母是否吵架变量的参照类为父母不吵架，老师是否重视变量的参照类为老师不重视。

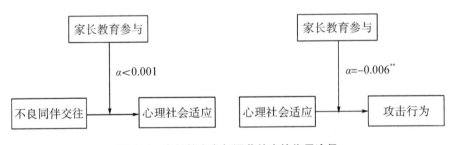

图6-4　家长教育参与调节效应的作用途径

三、本章小结

不良同伴交往正向作用于农村儿童攻击行为的发生，儿童的心理社会适应在其中起到中介作用。不良同伴交往越多的农村儿童心理社会适应越差，从而攻击行为越严重。已有研究普遍认同不良同伴交往增多会增加儿童攻击行为产生的可能性（Neppl et al., 2016），且认为儿童通过模仿不良同伴而逐渐拥有相似的价值观、趋同的行为方式，进而攻击行为增多（王素华 等，2014；Centifanti et al., 2016）。然而，这种"模仿机制"也被质疑，如有研究认为在儿童与不良同伴交往的过程中，儿童是将问题行为内化成了自身的行为（李娜，2020）。本章从心理层面探讨农村儿童攻击行为的形成机制，发现不良同伴交往会通过影响儿童心理社会适应进而正向作用于攻击行为的发生。

家长教育参与在农村儿童因与不良同伴交往而发生攻击行为的过程中起到保护作用。这一结果与已有相关研究结果具有一致性（Schofield et al., 2015）。与不良同伴交往增多尽管可能通过损害农村儿童心理社会适应从而导致其发生更多的攻击行为，但结合问题行为理论模型来看，家长教育参与在攻击行为形成过程中主要作为一种保护因素，能够起到抑制攻击行为发生的作用（Jessor, 2017）。

家长教育参与的保护作用，主要通过对儿童心理社会适应变差所导致攻击行为加剧的机制进行调节而产生效应。家长对农村儿童的教育参与程度越高，儿童心理情绪的感知能力所受正向影响越大（Grolnick & Slowiaczek, 1994），儿童的自我效能感越能得到提升（韩仁生，王晓琳，2009）。与不良同伴交往增多导致农村儿童心理社会适应变差，在此情况下增加家长教育参与，农村儿童心理社会适应受损而导致其攻击行为增多的程度可能减弱。也就是说，家长教育参与尽管未必能有效降低因不良同伴交往而带来的心理方面的损害，却对心理方面损害可能产生的后果存在抑制作用，从而对这种后果的发生起到保护作用。

第七章　农村儿童心理健康：家庭文化资本对抑郁的影响

一、理论视角下家庭文化资本与农村儿童抑郁

　　舒尔茨（Schultz，1973）开创了教育与人力资本的研究，父母较高的受教育水平，意味着更高的劳动技能和产出率、更好的学习和迁移能力。如今泛指可以增加长期净值的资产或与资产有关的东西。从字面意思来看，家庭文化资本即家庭中拥有的可增长的文化资产或与文化资产有关的东西。

　　文化资本是一种已被广为接受的社会学概念，它是指个体在社会环境中进行实践，通过投入一定的时间和成本而获得的行动资源，它有助于个体的文化积累和提升，主要包括思想观念、行为准则和道德规范等。布迪厄（Bourdieu）是最先把文化资本作为一个系统的理论来研究的社会学家。姚俭建（2004）对它的定义是："文化资本是附着于人的个人素质、自我修养以及言语风格等形式中表现出来的，包括文化习性、文化产品以及文化能力在内的文化资源的总和"。高波（2004）在研究文化资本时，将其看作经济增长源泉的一种解释，他们更侧重文化资本的文化特性，并建立在文化的两个核心组成——传统的思想和现代与人们有关的价值上，认为文化资本是人们所能习得的能为其未来带来收益的特定价值观体系，无论是在家中、学校还是企业所接受的价值观及意识形态。他们由核心的价值观体系推广到物化载体，虽与布迪厄的文化资本的体制化、客观化、具体化资本的分类不同，但还是有一些相似性。

　　各学者对家庭文化资本的指标选取大同小异，分别从三个方面来定义

家庭文化的三个层次。例如对客观化文化资本的指标选取，多采用家庭对一些具体的文化工具的投资，包括家庭对书籍、词典、书桌、电脑以及独立的学习空间等文化工具的投入作为家庭教育资源的一部分（姚远，2016；邓红，2017）都可以代表客观化文化资本的多寡。根据定义，制度化的文化资本指的是父母的文化程度，普遍认为父母的学历水平或者是受教育年限的高低具有代表性，因此现有研究通常以此为指标来表示制度化的文化资本（Amélie，2012；张红英，2016）；同时我们发现在以农村儿童作为研究对象时，学者多采用母亲的受教育程度衡量制度化文化资本，因为农村儿童的父亲多长期外出务工，因此对儿童生活学习的直接影响较小（邓红，2017）。具体化文化资本通过家庭各类文体活动的参与频率或者亲子互动、亲子沟通测量，在以儿童为研究对象时，指标选取包括过去的一年中父母和孩子一起读书，一起做运动，一起去博物馆、动物园和科技馆等场所，以及外出看电影、体育比赛和演出的频率等（张少哲，2019）。但在以儿童为研究对象时，基于年龄的考虑，父母陪孩子活动的这类指标已经不适用于年龄偏大的儿童，再加上以农村为研究样本时，父母陪伴孩子去博物馆、动物园和科技馆等场所，以及外出看电影等指标明显不适用，因此，除此之外，更多的文献采用亲子间的沟通次数、谈心次数等指标来衡量具体化的文化资本（Tabak，2016；李亚琴，2019）。

资源稀释论（resource dilution theory）认为在有限家庭资源这一约束条件下，随着家庭中子女的增加，任何一个孩子积累的资源必然会减少。兄弟姐妹是父母时间、精力和财力的竞争对手，这些资源在孩子成长发展中被稀释了，每个子女从父母那里获得的资源被不同程度地减少。（Blake，1989；Downey，1995）。据家庭资源稀释论，家庭收入水平决定家庭的总体资源状况，而家庭中子女数量决定着每个子女所获得的资源多少，再加上一些性别偏好的因素，家庭中男孩和女孩所得到的资源分配可能存在差异。

在制度化文化资本与儿童抑郁情况之间存在一条可能的作用路径，即随着父母文化程度的提升，其教养方式更加积极合理，从而有利于降低青少年抑郁的可能性（王宏，2009；Shute，2019）。因此，本章认为父母的教养方式可能在制度化文化资本与青少年抑郁情况之间存在一定的中介作用。教养方式是指父母在教养子女时的一些基本行为特征，及隐含在这些行为特征背后的信念、态度与价值观念（Baumrind，1971），已有文献从不同的角度对父母教养方式进行了类别划分，比如，根据家庭中父母教孩子的方法，归纳出放任型、威望型和独裁型 3 种方式，后有学者将其发展为威望、独裁、放任和纵容 4 种教养方式（Maccoby，1983；Steinberg，1994）。现有结果表明父母支持、接纳和关心等积极的教养方式对子女有益，而忽视、惩罚以及过度控制等消极的教养方式不利于子女发展（梁宗保，2013）。本章选取 CFPS2016 问卷中"当你不在家时，父母有多大比例知道你和谁在一起？"这一问题反映父母对子女行踪的关心，考察父母教养方式属于"关爱型"或者是"忽视型"。亲子沟通与青少年自我压力感同为影响青少年抑郁的重要因素，儿童的自我压力感在具体化文化资本与儿童抑郁问题之间可能存在一定的中介效应。而在应试教育的背景下，学业压力是中国青少年的关键性压力来源，并且是引发青少年抑郁的危险因素（李海垒，2014），本章选取 CFPS2016 问卷中"你觉得自己学习上的压力有多大？"这一问题反映儿童自我压力的高低。

总体来说，居民家庭文化资本的投入在不断增加，但投入水平还不够高，各部分投入极不均衡，且城乡之间分化现象严重。首先，国家统计局数据显示，近年居民人均教育、文化和娱乐消费支出虽增速放缓，但总体还是上升状态，这表明居民对可量化的文化资本投资的重视。其次，韩晨（2018）使用中国教育追踪调查（CEPS）2013—2014 学年的调查数据分析发现：父母受教育程度有 81.3% 在高中及以下；家庭藏书（值域 1~5）平均值为 3.1；家长陪子女读书大多数为每半年一次到每月一次之间；家长陪子女参观博物馆、科学馆（值域 1~6）的平均值为 2.2；看演出（值域 1~6）的平均值为 2.3。这些数据都表明家庭文化资本投资的绝对水平还不够高。再次，有研究发现虽然在家庭藏书、学习辅导等方面的文化资本较高，但在父母与子女的沟通频率、语言表达、教养方式等无形投资方面还存在很大的不足（严警，2012）。最后，无论是国家统计局的数据，还是相关文献研究的结论都表明，家庭文化资本的城乡对比差距明显，城市家庭对文化资本的投资力度远远高于乡村地区，这并非说明农村地区对文化资本不够重视，而是由于迫于生计压力，农村居民缺乏足够的时间和资本对家庭文化进行投资。

家庭文化资本对儿童心理抑郁情况可能存在一定的影响，具体影响情况以及其中的影响机制值得进一步探究。国务院印发的《乡村振兴战略规划（2018—2022 年）》中强调要建设健康乡村。而青少年的理想信念、身心健康、综合素质，是一个国家核心竞争力的重要因素，因此，促进农村青少年心理健康发展是一件至关重要的任务。而青少年的人生观和世界观都是在家庭中奠定基础的，家庭教育对子女的个性、心理品质的形成都起着不可替代的作用（邓红，2017）。因此，家庭因素一直是影响青少年心理健康发展的重要因素之一。其中，家庭社会资本又是一项具体的影响因素，这一概念由布迪厄提出，认为家庭文化资本主要以 3 种不同的形式存在：家庭对文化工具以及文化活动的投资被称为客观化的文化资本，父母所受教育程度或者学历高低被称为制度化的文化资本，通过家庭教育活动、亲子沟通而产生的文化氛围、文化积淀等被称为具体化的文化资本。家庭文化资本对儿童心理健康的重要作用已经逐渐为学术界所重视。例如，不少心理学研究发现，家庭对书籍、词典、书桌等文化工具的投入作为家庭教育资源的一部分，对儿童的心理健康有着不同程度的影响，阅读书籍特别是经典文学类著作的孩子感受性强，敏感性倾向更加严重；家中拥有词典或字典的学生，不易产生焦虑情绪；而缺乏学习用的书桌容易导致青少年抑郁、敏感等情绪（姚远，2016；邓红，2017）。父母作为青少年的第一任老师，他们的文化素质高低直接关系到青少年身心发展状况，因为父母的受教育水平与其所采取的教养方式有着高度的关联性（Fibbi，2015），而父母的忽视、过分干涉或是严厉惩罚等消极教养方式容易造成子女成长期乃至成人后的焦虑、抑郁等心理疾病（Parker，1989；王宏，2009；Shute，2019）。家庭成员之间态度积极、平等友好的交流与互动明显有利于培养和谐的家庭关系，身处在这种家庭氛围中的青少年性格更加乐观自信，较少出现抑郁等心理问题（Tabak，2016）。

结合前文对家庭文化资本与儿童抑郁性关系的分析，本章提出以下假设。

假设 7-1：客观化的家庭文化资本与儿童抑郁呈负相关关系。

假设 7-2：制度化的家庭文化资本与儿童抑郁呈负相关关系。

假设 7-3：具体化的家庭文化资本与儿童抑郁呈负相关关系。

假设 7-4：制度化的家庭文化资本影响家庭教养方式，进而影响儿童的抑郁心理，即教养方式在家庭文化资本与儿童心理抑郁的关系中存在一定的中介效应。

假设 7-5：具体化的家庭文化资本影响儿童自我压力，进而影响儿童的抑郁心理，即儿童自我压力在家庭文化资本与儿童心理抑郁的关系中存在一定的中介效应。

二、研究设计和样本描述

（一）数据

本章实证分析使用 2016 年中国家庭追踪调查（CFPS2016）数据。该调查由北京大学中国社会科学调查中心（ISSS）实施，主要调查地区包括 25 个省（区、市），最终访问对象为 14 019 户居民，具有全国代表性。CFPS 访问卷包括家庭成员问卷、家庭经济问卷、成人问卷和少儿问卷 4 种，并生成相应的 4 个数据库。本章使用 10~15 岁的儿童数据作为儿童样本[①]。本章的研究内容主要聚焦于农村家庭儿童与其父母两代人，因此在使用该数据时进行了如下处理：一是以家庭为单位对儿童问卷、成人问卷、家庭经济问卷进行数据信息匹配，从而确保两代人的关系与家庭信息一一对应；二是将城镇居民样本、年龄不在 10~15 岁范围内的样本予以剔除，最终保留有效样本量为 1 525[②]。

（二）模型

本章采用 CFPS2016 抑郁量表（CESD20）测量被访儿童的抑郁评估值，被解释变量为连续变量。借鉴宋靓珺（2020）的方法，采用 OLS 线性回归模型估计家庭文化资本对儿童心理抑郁程度的边际效应，具体设定见式（7-1）。在估计家庭文化资本对中介变量的作用时，考虑到中介变量（教养方式、儿童自我压力）为类别变量，借鉴于新亮（2019）的方法，分别采用 probit 二值响应模型和多值响应模型估计家庭文化资本影响中介变量的概率，具体设定见式（7-2）。

$$y_i = \alpha_0 + \alpha_1 \, \text{capital}_{cj} + \varepsilon \cdot X_{icj} + \text{county}_i + u_i \qquad (7\text{-}1)$$

$$\text{Prob}(\text{par}_{ij} = 1 / pre_i = n) = \beta_0 + \beta_1 \, \text{capital}_{cj} + \varepsilon \sum X_{icj} + \text{county}_i + \theta_i$$
$$(7\text{-}2)$$

式（7-1）和式（7-2）中，下标 i、c、j 分别代表被访儿童、家庭文

[①] 世界卫生组织定义青少年的年龄为 10~19 岁，而 CFPS2016 的儿童样本年龄最高为 15 岁，考虑到成人问卷与儿童问卷的访问内容存在差异，因此确定本章儿童年龄范围为 10~15 岁。

[②] 由于多个儿童可能对应一对父母，所以最终样本量与儿童数量保持一致。

化资本的被访者、儿童所在家庭。X_{icj}为控制变量组，主要包括儿童早恋情况、吸烟情况、是否为单亲家庭、是否为孩子教育存钱、对老师和学业的满意度。$county_i$为地区固定效应，u_i和θ_i为随机扰动项，α_0和β_0为常数项。式（7-1）中被解释变量y_i为被访儿童的心理抑郁评估值，核心解释变量$capital_{cj}$代表各类家庭文化资本。式（7-2）中被解释变量par_{ij}为被访儿童所处家庭的教养方式，"忽视型"为0，"关爱型"为1；被解释变量pre_i表示被访儿童自我压力等级，核心解释变量$capital_{cj}$代表各类家庭文化资本。

此外，在探讨家庭文化资本通过中介变量对儿童抑郁产生的中介效应时，在式（7-1）的基础之上加入中介变量，再次估计如下：

$$y_i = \gamma_0 + \gamma_1 \, capital_{cj} + \eta \, par_{ij} / pre_i + \varepsilon \cdot X_{icj} + county_i + u_i \qquad (7-3)$$

中介效应的具体过程如图7-1所示。其中，X通过M影响Y的过程中，如果仅存在"X→M→Y"的过程，称为完全中介效应；如果既存在"X→M→Y"，又存在"X→Y"的过程，称为部分中介效应。

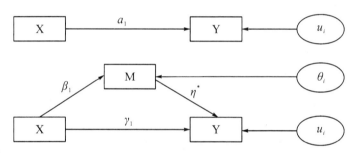

图7-1 中介效应作用机制图

在式（7-1）中，α_1是家庭文化资本对心理抑郁的总效应。若系数α_1、β_1和η^*（中介变量和心理抑郁之间的估计系数）均通过了显著性水平检验，则说明该中介变量在家庭文化资本与儿童心理抑郁之间起着一定的中介作用。进一步讲，若此时系数γ_1显著，则表示该中介变量起部分中介效应，$1-\gamma_1/\alpha_1$即是该中介变量的中介效应占总效应的比重；若此时系数γ_1不显著，则表示该中介变量起到完全的中介效应，该中介变量的中介效应占总效应的比重为1。

（三）变量

（1）被解释变量。已有研究多采用抑郁量表来反映个体的抑郁程度，进而测量其心理抑郁水平（李海垒，2014；Cohn，2018），因此本章也采用 CFPS2016 的抑郁量表（CESD20）的评估值来代表儿童的心理抑郁程度。

（2）解释变量。根据前文文献综述，本章遵循布迪厄对家庭文化资本的定义，并参考已有研究（姚远，2016；Tabak，2016），分别用家庭藏书量、家庭沟通表示客观化的文化资本和具体化的文化资本，分别对应 CFPS2016 问卷中的"您家目前大概有多少本书，不包括报纸、杂志、电子书？""父母是否主动与孩子沟通？"①。考虑到问卷设计以及采访问题较为模糊，不同家庭沟通程度间的差异大致相同，本章将家庭沟通作为解释变量纳入回归模型进行估计时，近似将家庭沟通程度作为值域为 1~4 的连续变量处理。再者，考虑到中国农村儿童的父亲多长期外出务工，对儿童生活学习的直接影响较小（邓红，2017），且母亲在子女的照料和教育中发挥着主要作用，因此选取母亲受教育程度反映制度化的文化资本，指标来自被访儿童的母亲对"您已经完成的最高学历？"的回答，并根据回答，赋值母亲受教育年限：文盲/半文盲为 0 年，小学为 6 年，初中为 9 年，高中/中专/技校/职高大约为 12 年，大专/本科大约为 16 年。

（3）中介变量。制度化的文化资本通过教养方式的中介作用对儿童心理抑郁产生影响，选用问题"当你不在家时，父母有多大比例知道你和谁在一起？"考察父母教养方式属于"关爱型"或者是"忽视型"②。根据前文，具体化的文化资本通过压力的中介作用对儿童抑郁产生影响，儿童时期的压力主要表现为家庭对子女施加的学习压力，因此本章选用学习压力作为衡量指标，问题来源于"您觉得自己学习上的压力有多大？"③

（4）控制变量。为了减少遗漏变量对估计结果造成的偏差，除了家庭文化资本之外，综合前文的文献综述，并结合 CFPS2016 数据的具体情况，本章加入了三类控制变量：个体特征方面包括儿童恋爱情况和吸烟情况，家庭因素涉及是否为单亲家庭和是否有家庭教育投资，学校因素包括对老师和学业的满意度。除此之外，为了进一步巩固研究结论的稳定性以及探

---

① 为了减小样本过少造成的统计失误，将回答"十分不同意"和"不同意"合并视为"沟通不积极"，赋值为 1；将回答"中立"视为"沟通一般"，赋值为 2；将回答"同意"视为"沟通比较积极"，赋值为 3；将回答"十分同意"视为"沟通非常积极"，赋值为 4。

② 将回答"总是知道"和"大部分时候知道"视为"关爱型"，赋值为 1；将回答"有时候知道""偶尔知道"和"从不知道"视为"忽视型"，赋值为 0。

③ 根据回答，将青少年的回答分为从"没有压力"到"压力很大"5 个等级，分别赋值 1~5。

讨不同变量间影响的净效应，模型中同时引入了区/县级的地区虚拟变量参与回归，经过对 CFPS2016 的样本筛选，最终所有农村儿童样本所涉及的区/县一共有 133 个。

具体变量设置情况见表 7-1。

表 7-1　变量说明及描述性统计

变量	定义	观测值	均值/概率	标准差
被解释变量				
心理抑郁程度	儿童抑郁量表（CESD20）评估值①	1 463	30.44	6.07
解释变量				
家庭藏书量	不包括报纸、杂志、电子书的其他书籍数②	1 484	54.01	100.75
母亲受教育程度	受教育年限：文盲/半文盲 = 0，小学 = 6，初中 = 9，高中/中专/技校/职高 = 12，大专/本科 = 16	1 498	4.85	4.13
家庭沟通	父母主动与孩子沟通：不积极 = 1，一般 = 2，比较积极 = 3，非常积极 = 4	1 247	2.66	0.81
中介变量				
教养方式	关爱型 = 1，忽视型 = 0	1 463	0.59	0.49
压力	没有压力-1-2-3-4-5 → 压力很大	1 426	2.86	1.10
控制变量				
恋爱	当前有无恋爱关系：有 = 1，无 = 0	1 463	0.01	0.10
抽烟	是否有抽烟的习惯：有 = 1，无 = 0	1 463	0.01	0.10
单亲家庭	是否处于单亲家庭：是 = 1，否 = 0③	1 525	0.08	0.27

① CFPS 农村青少年样本，抑郁量表（CESD20）评估分数范围为 20~58。

② 由于个别离群值的数值异常，为了不影响验证结论，对变量进行了单侧缩尾处理。

③ 根据 CFPS 的家庭调查数据，本章将缺少父亲或母亲样本和父母样本皆无的青少年视为处于单亲家庭。

表7-1(续)

变量	定义	观测值	均值/概率	标准差
为孩子教育存钱	父母是否为孩子教育存钱：是＝1，否＝0	1 523	0.13	0.33
对老师的满意度	非常不满意＝1→非常满意＝5	1 427	4.18	0.77
对学业的满意度	非常不满意＝1→非常满意＝5	1 425	3.32	0.96

三、实证分析

（一）基准回归

为探究各类家庭文化资本是否与儿童心理抑郁情况存在关联性，并考察前者对后者的影响效果，本章建立多元线性模型估计了二者之间的关系，结果报告于表7-2。

表7-2　家庭文化资本对儿童抑郁程度的影响

	抑郁评估值（OLS）						
	（1）	（2）	（3）	（4）	（5）	（6）	（7）
家庭藏书量	0.001	−0.001					−0.000
	(0.57)	(−0.66)					(−0.09)
母亲受教育程度			−0.140***	−0.097**			−0.096*
			(−3.60)	(−2.10)			(−1.88)
家庭沟通程度					−0.883***	−0.828***	−0.822***
					(−4.16)	(−3.43)	(−3.32)
恋爱		6.366***		7.045***		3.830*	3.879*
		(3.39)		(3.58)		(1.79)	(1.68)
抽烟		3.068*		4.191**		1.288	2.374
		(1.68)		(2.20)		(0.65)	(1.13)
单亲家庭		0.543		0.492		0.292	0.380
		(0.83)		(0.69)		(0.39)	(0.47)
为孩子教育存钱		0.373		0.333		0.551	0.616
		(0.75)		(0.68)		(1.01)	(1.12)
对老师的满意度		−0.777***		−0.797***		−0.890***	−0.791***
		(−3.56)		(−3.70)		(−3.85)	(−3.37)

表7-2(续)

	抑郁评估值(OLS)						
	(1)	(2)	(3)	(4)	(5)	(6)	(7)
对学业的满意度		-0.238		-0.297*		-0.256	-0.292
		(-1.34)		(-1.69)		(-1.35)	(-1.52)
地区固定效应		控制		控制		控制	控制
常数项	30.352***	56.370***	31.083***	57.363***	32.710***	33.443***	33.895***
	(166.26)	(9.43)	(126.81)	(9.63)	(55.32)	(5.66)	(5.73)
观测值	1 425	1 387	1 440	1 403	1 211	1 183	1 142
F 统计量	0.321	1.827	12.986	1.947	17.277	1.990	1.905
调整后的 R^2	-0.000	0.076	0.008	0.085	0.013	0.098	0.094

注:括号内是 t 统计量,*、**、*** 分别表示在10%、5%、1%的水平上显著。为节省篇幅,表格内容省略了133个区/县级的地区固定效应参与回归的结果。

第(1)列报告了家庭藏书量对儿童心理抑郁程度的估计系数,结果显示家庭藏书量的系数远低于1%,并且在统计上不显著,同时,模型解释力度小于0,这表示二者之间不存在明显的相关性,家庭藏书量的变化对儿童的抑郁情况没有明显改善。为此第(2)列引入了三个层面的控制变量,并且为了探究地区控制下家庭文化资本的净效应,同时引入地区固定效应。结果显示,虽然模型的解释力度上升到了7.6%,但家庭藏书量的系数仍不显著,不符合本章所提出的假设7-1的内容,这显然与部分研究结果相悖(姚远,2016;邓红,2017)。为此,本章提出以下解释:第一,本章样本局限于10~15岁的农村儿童,这个阶段的儿童正在接受中学教育,因此农村家庭对文化工具和文化活动的投资大多是针对儿童学业需要,但这部分投资却并未纳入家庭文化资本(侧重家庭所有),因此,本章所讨论的家庭层面的客观化文化资本对儿童抑郁情况的影响并不大。第二,也可能是由于对家庭文化工具和文化活动的投资,并非直接作用于儿童,而是受益于全体家庭成员,因此对儿童的影响有限。第三,经统计,"家庭藏书量"这一指标的1 484份有效观测数据中,39.89%的观测值为0,说明有近40%的农村家庭没有书籍,导致无法准确判断客观化文化资本对儿童心理抑郁程度的影响。

第(3)列和第(4)列报告了儿童母亲受教育年限对儿童抑郁程度的影响,在未引入其他控制变量之前,母亲受教育程度对儿童抑郁的负向影响在1%的水平上显著。具体来讲,农村儿童的母亲受教育时间每增加1

年，儿童抑郁评估值下降 0.14 分。这一结果在引入控制变量和地区效应之后基本不变，只是母亲受教育程度的作用效果变为 -0.097，但模型的拟合度明显提升，解释力度增强。这说明母亲的受教育水平的提高对农村儿童的抑郁程度是有显著的抑制作用的，与王宏（2009）等人的结论基本一致，本章的假设 7-2 得到了初步验证。

同理，第（5）、（6）列也表明家庭沟通对降低儿童抑郁概率的显著作用，并且家庭沟通每提高一个层次，儿童抑郁评估值平均下降 0.883 分。这一结论在引入控制变量和地区效应之后仍然成立，符合 Tabak（2016）的研究结论，也使本章的假设 7-3 得到了初步验证。

最后，模型（7）同时放入了 3 类家庭文化资本，结果显示家庭藏书量的作用依旧不显著，而母亲受教育程度和家庭沟通的系数分别为 -0.096、-0.822，且分别在 10% 和 1% 的水平上显著异于 0，与前文单独报告时的结论基本一致，也说明了母亲受教育程度和家庭沟通二者共同对儿童心理抑郁的负向作用。

同时，通过对比不同模型的结果发现，虽然母亲受教育程度与家庭沟通对儿童抑郁有显著的负向影响，但家庭沟通的作用效果明显大于母亲受教育程度的效果（0.822>0.096）。参考相关文献，本章认为，沟通对儿童心理健康的作用更直接有效，更能使儿童体会到来自家庭的关心与温暖，因此儿童抑郁的可能性更低。

经过基准回归，本章初步得出以下结论：客观化文化资本对农村儿童抑郁情况的影响不显著，有待进一步讨论；制度化文化资本与具体化文化资本对农村儿童的心理抑郁有显著的负向影响，且具体化文化资本对儿童抑郁程度的抑制作用大于制度化文化资本。

（二）稳健性检验

为减小变量选择偏误对估计结果的影响，以及巩固前文的研究结论，本章通过更换解释变量的方法分别对制度化文化资本和具体化文化资本的估计结果进行了稳健性检验。本章采用 CFPS2016 数据库中"母亲离校/上学阶段"① 作为解释变量表示制度化文化资本，并采用"父母关心子女教育"② 这一指标代表具体化文化资本，分别与农村儿童抑郁程度进行回归估计，并逐步引入控制变量和地区效应，结果见表7-3。

表7-3 家庭文化资本对儿童抑郁程度的影响（更换解释变量）

	抑郁评估值（OLS）			抑郁评估值（OLS）		
	（1）	（2）	（3）	（4）	（5）	（6）
母亲离校/上学阶段	-0.145*** （-3.14）	-0.145*** （-3.10）	-0.105* （-1.80）			
父母关心子女教育				-0.674*** （-3.53）	-0.643*** （-3.25）	-0.798*** （-3.58）
控制变量组		控制	控制		控制	控制
地区固定效应		控制				控制
常数项	30.915*** （96.02）	34.922*** （31.44）	29.496*** （5.15）	32.713*** （47.92）	36.550*** （30.38）	31.838*** （5.45）
观测值	1 062	1 035	1 035	1 273	1 242	1 242
F 统计量	9.859	5.623	1.677	12.473	5.602	1.979
调整后的 R^2	0.008	0.030	0.079	0.009	0.025	0.094

注：括号内是 t 统计量，*** 分别表示在10%、1%的水平上显著。为节省篇幅，表格内容省略了控制变量和133个区/县级的地区固定效应参与回归的结果。

列（1）报告了母亲上学阶段越高，儿童抑郁程度越低。平均而言，母亲上学每增加1年，儿童抑郁评估值下降0.145分，这一结果在1%的水平上显著，此时模型拟合度低于1%。在引入控制变量组以后，影响程度和显著性基本不变，仍在1%水平上显著，且模型拟合度上升至3%。在此基础上进一步引入地区固定效应之后，母亲上学阶段对儿童抑郁程度的作用为-0.105，通过了5%的显著性水平，并且模型拟合度提升为7.9%，解

---

① 母亲离校/上学阶段是指根据被访青少年母亲停止上学时的年级判断其受教育年限，为验证这一指标是否能够代表制度化的文化资本，本章对母亲离校/上学阶段与母亲受教育年限进行了信度检验，结果显示二者的信度系数高达91.03%，可以替换母亲受教育年限代表制度化的文化资本。

② 来源于CFPS2016访员观察问题"家庭环境表明父母关心孩子的教育?"的回答：1十分不同意；2不同意；3中立；4同意；5十分同意。同样对这一变量与"家庭沟通"进行了信度检验，结果显示二者的信度系数高达81.35%，基本符合要求。

释力度最强。

同理，第（4）列表明父母越关心子女的教育情况，农村儿童抑郁程度越低，影响效果达到-0.674，并在1%的水平上显著。这一结论在引入控制变量和地区效应后仍然成立，并且模型解释力度不断提高。同时，经过对比发现，"父母关心子女教育"这一变量的系数大于"母亲离校/上学阶段"（0.674>0.145），表明"父母关心子女教育"对儿童抑郁的负向影响更强。

通过稳健性检验发现：制度化文化资本和具体化文化资本分别对农村儿童抑郁存在一定负向作用，且具体化文化资本的作用大于制度化文化资本。

（三）异质性分析

通过基准回归发现，基于本章的数据，客观化的文化资本对农村儿童的心理抑郁的影响不明显，因此不具体讨论其存在的异质性影响。诸多文献表明目前农村家庭尚存在"重男轻女"的现象，而且父母文化程度越高，重男轻女的观念越弱化（张兆曙，2013），说明父母文化程度的变化对男孩的偏好程度改变不大，但对女孩的喜爱会变得更加明显。因此相比于男孩，父母文化程度的变化对女孩自身发展的影响更大。由此，本章有推论7-1：母亲受教育程度的变化对女孩心理抑郁的影响程度大于男孩。

由图7-2可以发现，虽然随着母亲学历的提高，男孩和女孩的抑郁评估值都呈下降趋势，但男孩的趋势线比较平缓，而女孩的趋势线较为陡峭；而且母亲学历从"文盲/半文盲"提升到"大专/本科"使男孩的抑郁评估值下降了1.68分（30.54-28.86），女孩下降了4.92分（31.75-26.83）。因此，总体来说，母亲学历的提升对女孩心理抑郁的影响更大。

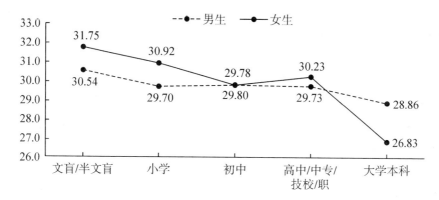

图7-2 儿童抑郁程度随母亲受教育程度变化情况

此外，从表7-4的分类估计结果来看，母亲受教育年限的增加对男孩抑郁程度的影响并不显著，对女孩抑郁程度的影响在1%的水平上显著为负。并且母亲受教育时间每增加1年，女孩的心理抑郁评估值下降0.198分，远大于男孩的0.044分。由此推论7-1得到证实：制度化文化资本对农村女孩儿童心理抑郁的影响程度大于男孩。

表7-4 家庭文化资本对儿童心理抑郁影响的异质性分析结果

	抑郁程度（OLS）		抑郁程度（OLS）	
	男	女	青春期	非青春期
母亲受教育程度	−0.044	−0.198 ***		
	(−0.67)	(−2.75)		
家庭沟通			−1.363 ***	−0.270
			(−3.49)	(−0.82)
控制变量组	控制	控制	控制	控制
地区固定效应	控制	控制	控制	控制
常数项	28.852 ***	31.716 ***	47.857 ***	30.447 ***
	(4.90)	(5.29)	(8.30)	(5.09)
观测值	762	641	540	643
F 统计量	1.490	1.566	1.742	1.476
调整后的 R^2	0.076	0.100	0.147	0.083

注：括号内是 t 统计量，*** 表示在1%的水平上显著。为节省篇幅，表格内容省略了控制变量和133个区/县级的地区固定效应参与回归的结果。

考虑到不同成长阶段的儿童的心理成熟度并不相同，特别是步入青春期阶段的儿童，更多受到情绪和心理问题的困扰，与周围人交流的意愿明显降低（Charles，2002；张晓霞，2009），说明处于青春期阶段的儿童的抑郁风险更高。在此情况下，来自家庭的心理疏导和沟通显得更为重要，对儿童抑郁的抵制效果可能会更好。因此本章提出推论7-2：相比于非青春期阶段，青春期阶段①的家庭沟通对儿童抑郁的影响更大。

图7-3展示了青春期与非青春期的儿童抑郁程度随家庭沟通变化的情况，可以发现家庭沟通对进入青春期的儿童影响非常大，亲子间的沟通每提高一个层次，儿童抑郁评估值都会大幅下降，从"沟通不积极"到"沟通非常积极"，一共导致儿童抑郁评估值减少了3.83分（32.65-28.82）。同等情况下，非青春期的儿童抑郁评估值仅减少0.93分（30.29-29.36）。同时，根据表7-4的估计结果，家庭沟通对青春期儿童抑郁程度的影响在1%的水平上显著为负，平均而言，家庭沟通每上升一个层次，儿童抑郁评估值下降1.363分。相比之下，非青春期样本的估计结果并不显著，且家庭沟通对抑郁程度的影响效果也大幅小于青春期样本（0.27<1.363）。由此，推论7-2得以证实：具体化文化资本对农村青春期阶段的儿童抑郁的影响程度大于非青春期儿童。

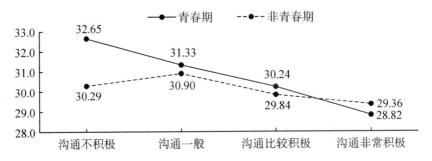

图7-3　儿童抑郁评估值随家庭沟通程度变化情况

（四）内生性检验

1. 内生性问题讨论与模型构建

通过初步的实证检验，本章发现客观性文化资本与儿童心理抑郁的联系较小，不存在明显的相关性，而制度化文化资本及具体化的文化资本对

---

① 世界卫生组织（WHO）规定青春期为13-19岁，结合本章样本的年龄范围，将10-12岁的儿童划分为非青春期，13-15岁的儿童划分为青春期。

儿童的抑郁情况均存在显著的负向影响。在此基础上，本章需要进一步讨论核心解释变量与儿童心理抑郁之间可能存在的某种内生性问题，结合本章，最有可能存在的情况为家庭文化资本对农村儿童抑郁的影响可能互为因果。具体来讲，第一，父母受教育程度是历史性事件，在儿童心理健康发生改变之前就已存在，因此儿童心理状况不可能影响到父母的受教育程度，因此本章不予讨论。第二，作为具体性文化资本的家庭沟通程度会影响儿童的抑郁程度，但反过来儿童抑郁情况越是严重，越会导致其交流欲望的下降，影响家庭沟通的频率和效果，因此需要解决具体化文化资本与儿童抑郁之间的双向因果问题。为此，本章引入工具变量"学习期望"对这一问题加以解决。首先，父母对子女的学习期望越高，往往越会重视对子女的言传身教，增加与子女的日常互动，提高亲子之间的沟通频率。因此，父母对子女的学习期望可以在一定程度上代表其与子女的沟通程度。其次，儿童的心理抑郁本质上属于一种心理健康问题，不影响其自身的智力及学习能力的高低，因此短时间内无法改变父母对其学习成绩的期待。再者，较低程度的心理抑郁在心理学上属于正常情况，也不会引起个体及其父母的重视，所以对父母的期望影响甚小。

考虑到如上内生性问题，本章建立 OLS 二阶段回归方程进行修正，具体设定如下：

$$y_i = \varphi_0 + \varphi_1 \exp_{cj} + \varepsilon \cdot X_{icj} + \text{county}_i + u_i \qquad (7\text{-}4)$$

式 7-4 中，下标 i、c、j 分别代表被访儿童、对子女学习期望的被访者、儿童所在家庭。X_{icj} 为控制变量组，主要包括儿童恋爱情况、吸烟情况、是否为单亲家庭、是否为孩子教育存钱、对老师和学业的满意度。county_i 为地区固定效应，u_i 为随机扰动项，φ_0 为常数项。式 7-4 中被解释变量 y_i 为被访儿童的心理抑郁评估值，解释变量 $\exp_{cj}$ 代表被访儿童的父母对其的学习期望。

2. 内生性检验结果

本章工具变量"学习期望"来源于 CFPS2016 儿童问卷中家长代答问题"如果满分是 100 分，您期望孩子的平均成绩是多少"，根据被访父母的回答，该变量为取值 0~100 的连续变量。表 7-5 引入了工具变量，用工具变量来测量"具体化的文化资本"这个概念，并报告了具体化文化资本对儿童抑郁的估计结果。其中第（1）列和第（2）列是在基准回归的基础上引入工具变量，第（3）列和第（4）列是在中介效应的基础上引入工具变量。Wald 检验均拒绝了不存在内生性的假设，因此，可以得出具体化文化资本这一变量存在内生性。回归结果显示，以"学习期望"作为具体化文化资本工具变量的回归结果与基准回归结果基本一致，家庭沟通对农村儿童抑郁的影响仍然是显著负向的，而在中介模型中，工具变量的加入仍然没有影响中介变量在其中发挥的作用，回归结果也满足儿童自我压力的部分中介效应的判定。综上，基本解决本章的变量的内生性问题，使得以上分析结果更加可靠，结论更具有稳健性。

表 7-5   引入工具变量后家庭文化资本对儿童抑郁的估计结果

	抑郁程度（OLS）		抑郁程度（OLS）	
	（1）	（2）	（3）	（4）
工具变量：学习期望	−5.638 **	−4.335 **	−5.142 **	−3.963 *
	（−2.56）	（−2.05）	（−2.36）	（−1.88）
中介变量：自我压力			0.664 ***	0.641 ***
			（2.97）	（2.98）
恋爱		3.707 **		3.376 **
		（2.05）		（1.97）
抽烟		0.163		0.594
		（0.10）		（0.36）
单亲家庭		−0.036		0.062
		（−0.04）		（0.06）
为孩子教育存钱		1.259 *		1.079
		（1.86）		（1.59）
对老师的满意度		−0.739 ***		−0.688 ***
		（−2.94）		（−2.83）
对学业的满意度		−0.358 *		−0.324
		（−1.69）		（−1.54）
常数项	42.855 ***	45.416 ***	45.998 ***	42.177 ***
	（7.70）	（8.26）	（6.85）	（7.22）
观测值	1 183	1 180	1 181	1 180
Wald 检验	6.541	29.067	26.737	49.693
Wald 检验 P 值	0.010	0.000	0.000	0.000

注：括号内是 t 统计量，*、**、*** 分别表示在 10%、5%、1%的水平上显著。

（五）影响机制

1. 家庭文化资本对中介变量的影响

家庭教养方式是制度化文化资本影响儿童抑郁程度的一条重要渠道，因此表7-6首先报告了制度化文化资本对中介变量（教养方式）的影响。由（1）—（3）列的结果可知，母亲学历越高，家庭教养方式越倾向于"关爱型"。平均而言，母亲受教育程度每提高一年，家庭教养方式为"关爱型"的概率就增加3.2%，这一结果在控制了更多变量的情况下依然基本成立。这说明制度化文化资本对培养积极合理的家庭教养方式有着显著的促进作用。

同时，儿童自我压力是具体化文化资本影响其心理抑郁情况的一条重要渠道，表7-6报告了具体化文化资本对中介变量（自我压力）的影响。第（4）—（6）列的结果显示了家庭沟通与农村儿童自我压力之间显著的负相关关系，并且亲子间的沟通每提高一个程度，儿童的自我压力感降低一个等级的概率就增加8.3%，这一结果在引入控制变量和地区固定效应后依然成立。这说明具体化文化资本对降低儿童自我压力的显著作用。

表7-6 两类家庭文化资本对中介变量的影响

	教养方式（probit）			自我压力（ordered probit）		
	（1）	（2）	（3）	（4）	（5）	（6）
母亲受教育程度	0.032 ***	0.032 ***	0.033 ***			
	(3.87)	(3.86)	(3.07)			
家庭沟通程度				−0.083 **	−0.090 **	−0.117 ***
				(−2.16)	(−2.33)	(−2.61)
控制变量组		控制	控制		控制	控制
地区固定效应			控制			控制
常数项	0.073	−0.110	0.032			
	(1.42)	(−0.52)	(0.07)			
观测值	1 440	1 403	1 356	1 184	1 183	1 183
LRX^2	15.080	28.894	168.608	4.652	20.711	168.503
伪 R^2	0.008	0.015	0.091	0.001	0.006	0.049

注：括号内是 t 统计量，**、*** 分别表示在 5%、1% 的水平上显著。为节省篇幅，表格内容省略了控制变量和 133 个区/县级的地区固定效应参与回归的结果，以及（4）—（6）列模型中各切点（cut）的回归结果。

2. 家庭文化资本影响儿童心理抑郁的中介效应分析

本章欲探究两类中介变量：教养方式和儿童自我压力是否在家庭文化资本与儿童抑郁性心理之间起到一定的中介作用，因此将两类家庭文化资本引入渠道变量后再与儿童抑郁程度进行了估计，结果见表 7-7。第（1）列再次报告了母亲受教育程度对儿童抑郁的估计系数 -0.097，并在 5% 的水平上显著，即研究方法中所说的 α_1；已知母亲受教育程度对中介变量（教养方式）的估计系数 0.032 在 1% 的水平上显著，即研究方法中所说的 β_1；又表 7-7 第（2）列报告了中介变量（教养方式）对儿童抑郁的作用效果 -1.773 在 1% 的水平上显著，即研究方法中所说的 η^*，因此证明母亲受教育程度通过教养方式的中介作用对农村儿童心理抑郁产生了负向影响。进一步讲，由于在引入中介变量（教养方式）之后，母亲受教育程度对儿童抑郁的作用效果减小（0.077<0.097）且在 10% 的水平上显著，所以教养方式仅仅部分解释了母亲受教育程度对儿童抑郁的总效应，解释的比例为 1-0.077 /0.097 = 20.6%。

同理，（4）—（6）列报告了中介变量（儿童自我压力）在家庭沟通影响儿童抑郁程度中的中介效应。由于在引入中介变量（儿童自我压力）之后，家庭沟通对儿童抑郁程度的作用效果减小（0.736<0.828），且在 1% 的水平上显著，所以儿童压力仅仅部分解释了家庭沟通对儿童抑郁的总效应，解释的比例为 1-0.736/0.828 = 11.1%。

表 7-7 家庭文化资本影响儿童心理抑郁的中介效应

	抑郁程度（OLS）			抑郁程度（OLS）		
	（1）	（2）	（3）	（4）	（5）	（6）
母亲受教育程度	-0.097**		-0.077*			
	(-2.10)		(-1.68)			
中介变量：教养方式		-1.773***	-1.733***			
		(-5.34)	(-5.17)			
家庭沟通程度				-0.828***		-0.736***
				(-3.43)		(-3.08)

表7-7（续）

	抑郁程度（OLS）			抑郁程度（OLS）		
	（1）	（2）	（3）	（4）	（5）	（6）
中介变量：自我压力					0.848***	0.822***
					(5.78)	(5.11)
控制变量组	控制	控制	控制	控制	控制	控制
地区固定效应	控制	控制	控制	控制	控制	控制
常数项	57.363***	56.757***	57.271***	33.443***	52.823***	31.813***
	(9.63)	(9.62)	(9.72)	(5.66)	(8.91)	(5.44)
观测值	1 403	1 424	1 403	1 183	1 424	1 183
F 统计量	1.947	2.165	2.165	1.990	2.208	2.221
调整后的 R^2	0.085	0.101	0.104	0.098	0.105	0.119

注：括号内是 t 统计量，*、**、***分别表示在10%、5%、1%的水平上显著。为节省篇幅，表格内容省略了控制变量和133个区/县级的地区固定效应参与回归的结果。

四、本章小节

本章采用北京大学中国社会科学调查中心（ISSS）调查的2016年中国家庭追踪调查（CFPS2016）数据，运用实证研究方法，定性与定量分析相结合，构建了OLS最小二乘法线性模型，对家庭文化资本与农村儿童心理抑郁之间的关系作了初步的估计，并构建有序Probit模型对其中的中介效应进行了进一步的检验。研究发现，首先，客观化的文化资本对农村儿童心理抑郁状况的影响有待进一步讨论；制度化和具体化的文化资本对农村儿童抑郁倾向的抑制作用较为明显，并且具体化文化资本的作用效果大于制度化文化资本。其次，制度化和具体化的文化资本对农村儿童心理抑郁情况存在不同影响，制度化文化资本对女孩抑郁的负向影响大于男孩；具体化文化资本对青春期儿童抑郁的负向影响大于非青春期儿童。此外，制度化文化资本通过家庭教养方式的中介作用对农村儿童心理抑郁产生作用，而教养方式在其中发挥部分中介作用；具体化文化资本通过儿童自我压力的中介作用对其心理抑郁情况产生作用，儿童自我压力仅在其中发挥部分中介作用。

第八章 结论与建议

一、主要结论

家庭因素对农村儿童发展具有关键影响，可从整体性视角和局部性视角分别观察。

第一，从整体性视角看，反映家庭成员构成的家庭结构，对农村儿童发展具有全方位影响，主要作用机制在于父母参与方面。成长于母亲缺位家庭与双亲缺位家庭儿童的综合发展水平低于完整家庭儿童。在抚育儿童成长的过程中，母亲往往承担较多的照料责任，花费更多时间、精力在孩子成长上，家庭中母亲是否缺位对于儿童发展来说具有关键影响。若从健康、教育、行为、社会性四个方面评估，中国西部农村儿童发展受家庭结构影响也存在一定的异质性。无论是父母一方缺位还是双方缺位，非完整家庭的农村儿童健康发展水平和社会性发展水平都显著低于完整家庭儿童。并且，家庭结构对儿童发展产生影响的过程中，父母对儿童成长的情感参与和行为参与具有显著的中介作用。

第二，从局部性视角看，家庭教育期望是影响农村儿童认知能力的关键因素。看护人教育期望、儿童自我教育期望以及看护人和儿童二者之间存在的教育期望差异对农村儿童学业成绩具有显著影响。总的来说儿童自我教育期望对儿童学业成绩的影响大于看护人对儿童学业成绩的影响。看护人和农村儿童两者之间存在的教育期望差异越小，农村儿童的数学成绩、语文成绩、综合成绩的表现会更好，表现出显著负向影响。学习投入在教育期望差异作用在数学成绩、语文成绩、综合成绩三条路径上均没有存在中介效应。学习动机在教育期望差异作用于数学成绩和综合成绩两条路径上分别起到部分和完全中介效果。儿童自我教育期望和看护人教育期望都可以对农村儿童的学业成绩产生正向预测的作用。

第三，从局部性视角看，家庭教育投入、家长学业参与和家庭亲子互动，是影响农村儿童非认知能力的重要因素。首先，时间投入型家庭教育投入的儿童拥有最高的好奇心水平，且受正向影响显著，而基础投入型家庭教育投入的儿童好奇心水平最低。家庭的时间投入对儿童来说意义重大，在儿童好奇心发展方面起着积极的作用。性别与儿童的好奇心水平具有显著相关性。男生的好奇心普遍高于女生。高期望儿童所受到的家庭教育投入的影响更显著。家庭教育投入类型对女生、不完整家庭儿童的影响更加显著。父母受教育程度越高，儿童的好奇心越受教育投入影响。其次，子女的外向性显著地受到了家长学业参与的正向影响。家长与子女之间的沟通增加，能使孩子的心理情绪得到调节。负面情绪得到家长的及时反馈，会减少孩子沮丧、抑郁情绪的产生，从而激发孩子的正面情绪。家长通过智力参与，使孩子面对学习任务时更有信心，影响孩子的性格。家长学业参与水平越高，家长与子女的交流互动越频繁，孩子越能感受到家长对他们的关爱与重视，家庭关系越和谐，孩子的外向性也就越明显。最后，包括家庭亲子互动在内的社会互动对儿童发展有不可替代的作用，亲子互动、朋友互动和师生互动构成农村儿童社会互动的主要内容。无论是整体考虑还是分类型观察，农村儿童社会互动的增强对其自我认同的强化都具有显著预测力。社会互动的这种积极影响不仅直接发挥作用，在一定程度上还可通过儿童与互动对象之间的亲密度来传递。

第四，从局部性视角看，家庭因素在农村儿童问题行为发生过程中发挥抑制作用。从儿童攻击行为而言，不良同伴交往正向作用于农村儿童攻击行为的发生，儿童的心理社会适应在其中起到中介作用。家长教育参与在农村儿童因与不良同伴交往而发生攻击行为的过程中起到保护作用。家长教育参与的保护作用，主要通过对儿童心理社会适应变差所导致攻击行为加剧的机制进行调节而产生效应。

第五，从局部性视角看，家庭因素对农村儿童心理健康具有一定抑制作用。制度化和具体化的文化资本对农村儿童抑郁倾向的抑制作用较为明显，并且具体化文化资本的作用效果大于制度化文化资本。制度化和具体化的文化资本对农村儿童心理抑郁情况存在不同影响，制度化文化资本对女孩抑郁的负向影响大于男孩；具体化文化资本对青春期儿童抑郁的负向影响大于非青春期儿童。制度化文化资本通过家庭教养方式的中介作用对农村儿童心理抑郁产生作用，具体化文化资本通过儿童自我压力的中介作用对其心理抑郁情况产生作用。

二、相关建议

第一，强化农村家庭发展支持，发挥家庭育儿积极作用。鉴于父母双亲合作以及互补的"双系抚育"体系对于儿童综合发展有积极且重要的作用，应着眼于控制发展中国家或地区父母与子女分离而住这一趋势的发展。在农村人口集中流入的城市，做好支持进城务工人员子女随迁的各种制度安排。在包括中国农村在内的人口流出较多地区，通过加快乡村产业发展引导农村居民就近实现非农就业。特别是在农村或附近的城镇、小城市创造更多适合女性劳动者就业的岗位，首先保障母亲在农村儿童发展中的重要作用得以发挥。对于农村非完整家庭的儿童来说，学校是其成长最重要的场所，学校的良好师生关系、优质同辈质量等可在一定程度上对因父母外出务工所导致的家庭抚育功能弱化起到弥补作用，从而保障儿童的发展水平。学校不仅应注重农村儿童的学业发展，同时也应关注其身心健康、德育状况和行为表现等。学校应主动加强与非完整家庭儿童父母的联系和沟通，及时交流儿童发展情况，引导父母加大对儿童成长的情感和行为参与。对农村非完整家庭儿童来说，社区的支持可能更具有针对性、及时性。中国农村的社会关系网络以地缘和血缘为基础，村民之间有较高的熟悉程度和互助程度。应利用熟人社会特点为儿童发展提供如生活照料、情感关怀、心理疏导等支持，在农村社区营造有利于儿童健康发展的氛围；充分发挥农村社区管理方或有关组织的作用，安排专门的社区工作人员负责儿童关爱保护服务工作。

第二，提高农村家庭教育水平，发挥家庭教育功能。应加快促进农村家庭育儿观念向"养育"与"教育"并重转型。我国农村教育资源相对分散、整体水平较低，且老年人、儿童"一老一小"留守现象仍普遍存在。在此情况下，不少农村家庭育儿观念仍表现出重"养育"轻"教育"的特点。首先，在农村儿童成长过程中，家长应深化对儿童教育的参与程度，不仅要"给钱"更要"花时间"，增加与儿童的交流，在儿童社会化过程中发挥应有的保护作用，减少儿童不良行为的发生。其次，学校方面要积极开发家校合作新模式，建立家校沟通机制，对以往以学校为主导的教育氛围进行革新，把家长纳入孩子学业和心理发展的日程中来。最后，政府为家庭提供普惠性、常态化的家庭教育公共服务，不断完善义务教育均衡化发展机制，建立健全部门联动的工作机制，制定出台相关法律法规及政策措施，鼓励社会力量参与支持，促进家庭教育资源均衡配置，尤其是向农村地区倾斜。

第三，促进农村儿童健康社会化，提升社会和学校共同教育效能。在家庭和学校这两个特定的社会场域中，在亲子间的社会互动和师生间的教学互动中应当关注儿童的主体能动性，引导少年儿童对自己树立合理且坚定的教育期望。提高儿童的学业成绩不能只依靠知识的教授，更应该关注对教育目的和意义的学习，接受更高程度的教育可以为未来提供更多的可能性。此外，看护人应该对孩子抱有较高的教育期望，这样会给孩子积极的暗示，让其感受到自己实现高教育目标是可触及的、可以实现的，有利于儿童内在学习兴趣和动力的激发。作为可以长期稳定陪伴农村儿童的看护人，应多和孩子平等交流，了解其对未来自己的期望和在校情况、人际状况，并及时予孩子肯定和给予正向激励。看护人也争取和孩子在教育目标上达成一致，这样有利于家庭"劲往一处使"，更好地达成教育期望，助力孩子获得更好的学业成绩。学校和家长应加强对农村儿童心理健康的关注。学校是儿童社会化的重要场所，老师对儿童行为有规范作用，应增加对农村学校心理教育财力、人力的投入。鼓励农村社区和社会组织加大对儿童家长关于儿童心理健康、行为发展等方面知识和技能的培训力度，做好农村儿童心理健康常态化评估和监测，完善相关工作机制，促进农村儿童身心健康发展。充分发挥社会互动及关系网络对儿童发展的支持作用。更多关注农村儿童的社会互动网络构建和社会关系发展，继续保障各方面对儿童社会化发展的支持。须协调和平衡儿童与不同对象之间的互动关系，加强农村社区、学校和家庭等多方联动、沟通、互动和协调，营造良好的儿童发展环境。提升社会互动质量，更多关注农村儿童的情感发展。要注重对农村儿童发展的情感支持和物质保障，引导家长、教师、农村社区工作人员等加强对儿童的心理关怀，提高儿童与互动对象的亲密度。加强对农村儿童健康社会交往规范、内容和方式等方面的指导，引导其更大程度吸收社会互动的积极影响。从强化社会互动尤其是朋友互动角度加大对农村留守儿童的关怀力度。引导外出务工父母采取多种方式与儿童增加并深化情感交流，强化家长对儿童健康发展的责任意识；可在学校教育内容体系中适当增加朋辈教育相关内容，营造更多同学或朋友的互动场景，坚决预防和治理各类校园欺凌，帮助农村儿童建立并受益于健康的朋友互动关系。

参考文献

曹连喆，方晨晨，2019. 家庭背景、非认知能力与学生成绩的关系研究：基于中国教育追踪调查数据的分析 [J]. 上海教育科研，(4)：5-9.

曹蕊，吴愈晓，2019. 班级同辈群体与青少年教育期望：社会遵从与社会比较效应 [J]. 青年研究，(5)：25-33，94-95.

蔡晓淇，等，2019. 个体心理健康与社会稳定关系初探 [J]. 心理月刊：14 (15)：41.

陈会昌，张宏学，阴军莉，等，2004. 父亲教养态度与儿童在 4~7 岁间的问题行为和学校适应 [J]. 心理科学 (5)：1041-1045.

陈黎，2006. 流动儿童"自我"概念形成中的利弊分析 [J]. 当代青年研究 (11)：9-13.

陈侠，崔红，王登峰，2009. 对青少年的期望：质化研究与量化研究的结合 [J]. 西南大学学报 (社会科学版)，(1)：7-11.

陈雨露，秦雪征，2018. 相貌对个人认知能力与非认知能力的影响：基于中国家庭追踪调查 (CFPS) 数据的研究 [J]. 劳动经济研究，6 (4)：71-96.

程诚，2017. 同伴社会资本与学业成就：基于随机分配自然实验的案例分析 [J]. 社会学研究，(6)：141-164，245.

程飞，2013. 非认知能力对个人收入影响的研究述评 [J]. 中国高教研究 (9)：33-8.

崔红，王登峰，2004. 西方"大五"人格结构模型的建立和适用性分析 [J]. 心理科学 (3)：545-548.

崔丽霞，殷乐，雷雳，2012. 心理弹性与压力适应的关系：积极情绪中介效应的实验研究 [J]. 心理发展与教育，28 (3)：308-313.

崔盛，宋房纺，2019. 父母教育期望与教育投入的性别差异：基于中国教育追踪调查的实证研究 [J]. 中国人民大学教育学刊 (2)：154-168.

崔雪梅，孟业清，王甲娜，2019. 师生互动风格对留守儿童抑郁焦虑的影响 [J]. 中国卫生统计，36（3）：397-399.

邓红，魏燕，2017. 家庭环境对西北民族地区中小学生心理健康影响的研究：基于甘肃省 9 所中小学 2 207 名学生的实证分析 [J]. 民族教育研究，28（03）：36-42.

董孝坤，2020. 基于 CFPS 数据非认知能力影响工资收入的实证研究 [J]. 市场研究（6）：21-4.

范兴华，方晓义，黄月胜，等. 2018. 父母关爱对农村留守儿童抑郁的影响机制：追踪研究 [J]. 心理学报，50（9）：1029-1040.

方超，黄斌，2019. 非认知能力、家庭教育期望与子代学业成绩：基于 CEPS 追踪数据的经验分析 [J]. 全球教育展望，48（1）：55-70.

方晨晨，2018. 家庭背景、课外补习与学生非认知能力的关系研究：基于中国教育追踪调查数据的经验证据 [J]. 当代教育论坛（4）：39-46.

方杰，温忠麟，张敏强，等，2014. 基于结构方程模型的多重中介效应分析 [J]. 心理科学，37（03）：735-741.

高波，张志鹏，2004. 文化资本：经济增长源泉的一种解释 [J]. 南京大学学报（哲学. 人文科学. 社会科学版），（5）：102-112.

耿铭萱，2021. 留守儿童亲子依恋与外显、内隐攻击性的关系：孤独感的中介作用 [D]. 南京：南京师范大学.

宫淑燕，2015. 新生代知识员工自我认同对组织行为的作用机理研究 [D]. 西安：西北工业大学.

龚欣，李贞义，2018. 学前教育经历对初中生非认知能力的影响：基于 CEPS 的实证研究 [J]. 教育与经济（4）：37-45.

郭小艳，王振宏，2007. 积极情绪的概念、功能与意义 [J]. 心理科学进展（5）：810-815.

郭筱琳、周寰、窦刚、罗良，2017. 父母教育卷入与小学生学业成绩的关系：教育期望和学业自我效能感的共同调节作用 [J]. 北京师范大学学报（社会科学版），（2）：45-53.

郭筱琳，2014. 隔代抚养对儿童言语能力、执行功能、心理理论发展的影响：一年追踪研究 [J]. 中国临床心理学杂志，22（6）：1072-1076，1081.

郭亚平，2020. 留守经历及其开始阶段对大学生非认知能力的影响

[J]. 青年研究（1）：12-23，94.

郭亚平，2020. 颜值对大学生非认知能力的影响：基于中国大学生追踪调查（PSCUS）数据的研究 [J]. 青年探索（1）：36-46.

韩嘉玲、高勇、张妍、韩承明，2014. 城乡的延伸：不同儿童群体城乡的再生产 [J]. 青年研究（1）：40-52.

韩仁生，王晓琳，2009. 家长参与与小学生学习自我效能的关系研究 [J]. 心理科学，32（2）：430-432.

何珺子，王小军，2017. 认知能力和非认知能力的教育回报率：基于国际成人能力测评项目的实证研究 [J]. 经济与管理研究，38（5）：66-74.

侯珂，张云运，骆方，等，2017. 邻里环境、父母监控和不良同伴交往对青少年问题行为的影响 [J]. 心理发展与教育，33（1），85-94.

胡博文，2017. 非认知能力对劳动者收入的影响：机制探讨和实证分析 [D]. 杭州：浙江大学.

胡克祖，2005. 好奇心的理论述评 [J]. 辽宁师范大学学报（6）：55-58.

胡荣，1993. 社会互动的类型与方式 [J]. 探索（6）：65-69.

胡韬，郭成，刘敏，2013. 流动儿童的心理健康与自我概念状况及其相关研究 [J]. 中国儿童保健杂志21（1）：30-33.

黄超，2017. 教育期望的城乡差异：家庭背景与学校环境的影响 [J]. 社会学评论（5）：65-78.

黄超，2018. 家长教养方式的阶层差异及其对子女非认知能力的影响 [J]. 社会，38（06）：216-240.

黄成毅，2017. 父母婚姻关系对大学生心理适应的影响 [D]. 苏州：苏州大学.

黄国英，谢宇，2017. 认知能力与非认知能力对青年劳动收入回报的影响 [J]. 中国青年研究（2）：56-64，97.

黄寒英，2010. 小学生情绪认知能力的发展及其影响因素 [J]. 教学与管理（33）：42-43.

黄骁，陈春萍，罗跃嘉，等，2021. 好奇心的机制及作用 [J]. 心理科学展，29（4）：723-736.

黄维海，罗英姿，2019. 博士生非认知能力的增值与培养：基于对1107名毕业博士数据的分位数回归分析 [J]. 中国高教研究（11）：90-96.

吉登斯，夏璐（译），2016. 现代性与自我认同：晚期现代中的自我与

社会 [M]. 北京：中国人民大学出版社.

贾婧，鲁万波，柯睿，2020. 基于非参数估计的教育多维度回报研究 [J]. 数理统计与管理 1-17.

贾守梅，汪玲，2011. 儿童攻击性行为影响因素研究进展. 中国学校卫生，32（3），379-381.

贾双黛，张洛奕，2020. 父母教养方式与高中生问题行为的关系. 心理月刊，15（18），76-78.

蒋俊梅，2002. 儿童攻击性行为的影响因素及矫正. [J]. 教育探索，2002，（08）：71-73.

蒋洋梅，2020. 学前教育经历对学生非认知能力发展的影响研究 [D]. 西南大学.

金灿灿，刘艳，陈丽，2012. 社会负性环境对流动和留守儿童问题行为的影响：亲子和同伴关系的调节作用 [J]. 心理科学，2012，35（05）：1119-1125. DOI：10.16719/J. CNKI. 1671-6981. 2012.05.003.

邝磊，郑雯雯，林崇德，等. 2011. 大学生的经济信心与职业决策自我效能的关系：归因和主动性人格的调节作用 [J]. 心理学报，43（9）：1063-1074.

雷万鹏，李贞义，2020. 教师支持对农村留守儿童非认知能力的影响：基于 CEPS 数据的实证分析 [J]. 华中师范大学学报（人文社会科学版），59（6）：160-168.

黎煦，朱志胜，陶政宇，等，2019. 回流对贫困地区农村儿童认知能力的影响：基于 137 所农村寄宿制小学的实证研究 [J]. 中国农村经济（9）：70-87.

李波，尹璐，2019. 亲子分离对子女发展的影响：来自北京市流动儿童的调查证据 [J]. 教育经济评论，4（6）：93-108.

李波，2018. 母参与对子女发展的影响：基于学业成绩和非认知能力的视角 [J]. 教育与经济，（3）：54-64.

李海垒，张文新，2014. 青少年的学业压力与抑郁：同伴支持的缓冲作用 [J]. 中国特殊教育，（10）：87-91.

李红燕，2002. 简介"大五"人格因素模型 [J]. 陕西师范大学学报（哲学社会科学版），S1）：89-91.

李佳丽，何瑞珠，2019. 家庭教育时间投入、经济投入和青少年发展：

社会资本、文化资本和影子教育阐释 [J]. 中国青年研究 (8)：97-105.

李凯，2018. 乐群性合作学习的有效策略 [J]. 思想政治课教学 (5)：23-6.

李乐敏，党瑞瑞，刘涵，等，2020. 父母陪伴对青少年非认知能力的影响：基于亲子共餐视角的准实验研究 [J]. 人口与发展，26 (2)：88-98.

李立国，薛新龙，2017. 非认知因素对大学毕业生起薪的影响 [J]. 中国高等教育评论，8 (2)：154-68.

李丽，赵文龙，边卫军，2017. 家庭背景对非认知能力影响的实证研究 [J]. 教育发展研究，37 (1)：45-52.

李丽，赵文龙，2017. 家庭背景、文化资本对认知能力和非认知能力的影响研究 [J]. 东岳论丛，38 (4)：142-150.

李娜，2020. 影响初中生不良行为的实证研究：父母监管、不良同伴的作用 [J]. 青少年学刊 (1)，28-37.

李天然，俞国良，2015. 人类为什么会好奇？人际好奇的概念、功能及理论解释 [J]. 心理科学进展，23 (1)：132-141.

李晓曼，曾湘泉，2012. 新人力资本理论：基于能力的人力资本理论研究动态 [J]. 经济学动态 (11)：120-6.

李雅儒、孙文营、阳志平，2003. 北京市流动人口及其子女教育状况调查研究 (上)[J]. 首都师范大学学报 (社会科学版)，000 (001)：118-122.

李亚琴，2019. 留守儿童家庭文化资本与学业成就的关系研究 [D]. 长春：东北师范大学.

李燕芳，吕莹，2013. 家庭教育投入对儿童早期学业能力的影响：学习品质的中介作用 [J]. 中国特殊教育 (9)：63-70.

李宜娟，2018. 青少年自我效能感不足的原因与提升策略 [J]. 中国青年研究 (4)：95-101.

梁晓燕，高志旭，高小丽，等，2015. 中职生父母心理控制、越轨同伴交往与社会适应的关系研究 [J]. 中国特殊教育 (11)，83-88.

梁宗保，等，2013. 学前儿童努力控制的发展轨迹与父母养育的关系：一项多水平分析 [J]. 心理学报，45 (5)：556-567.

林崇德，王耘，姚计海，2001. 师生关系与小学生自我概念的关系研究 [J]. 心理发展与教育 (4)：17-22.

林崇德，等，2003. 心理学大辞典（上）［M］. 上海：上海教育出版社.

林清江，1980. 国中毕业生升学与就业意愿之影响因素［J］. 台湾师范大学教育研究所集（22）：129-131.

蔺秀云，王硕，张曼云，等，2009. 流动儿童学业表现的影响因素：从教育期望、教育投入和学习投入角度分析［J］. 北京师范大学学报（社会科学版），（5）：41-47.

刘保中，张月云，李建新，2015. 家庭社会经济地位与青少年教育期望：父母参与的中介作用［J］. 北京大学教育评论（3）：158-176，192.

刘河清，2020. 家庭教育投入与子代非认知能力发展研究［D］. 武汉：华中师范大学.

刘琴，孙敏红，赵勇，等，2011. 影响我国留守儿童心理健康相关因素的系统评价［J］. 中国循证医学杂志11（12）：1355-1361.

刘守义，李凤云，刘佳君，等，2008. 农村家庭教育投资目的与期望的研究［J］. 教育与职业（20）：26-27.

刘中华，2018. 非认知能力对学业成就的影响：基于中国青少年数据的研究［J］. 劳动经济研究6（6）：69-94.

卢春天，李一飞，陈玲，2019. 情感投入还是经济支持：对家庭教育投资的实证分析［J］. 社会发展研究，6（1）：50-67，243.

罗芳，关江华，2017. 家庭背景和文化资本对子女非认知能力的影响分析［J］. 当代教育科学，（9）：91-96.

吕娜，2012. 青少年早期个体攻击、亲社会行为与心理社会适应［D］. 济南：山东师范大学.

吕勤，王莉，陈会昌，等，2003. 父母教养态度与儿童在2~4岁期间的问题行为. 心理学报（1），89-92.

吕媛，李文利，2013. 非认知能力在大学毕业生从学校到工作过渡中的作用及培养［J］. 现代教育管理（4）：105-111.

马德峰，2003. 亲子互动的现状及问题［J］. 社会（7）：45-46.

马和民，1996. 学业成绩差异研究［M］. 乌鲁木齐：新疆大学出版社.

闵文斌，茹彤，史耀疆，2019. 幼年贫困经历对农村青少年非认知能力的影响：基于生命历程理论的视角［J］. 当代教育论坛（5）：90-98.

牟晓红，刘儒德，庄鸿娟，等. 2016. 中学生外倾性对生活满意度的影响：自尊、积极应对的链式中介作用［J］. 中国临床心理学杂志，24（2）：

341-344.

庞维国，徐晓波，林立甲，等，2013. 家庭社会经济地位与中学生学业成绩的关系研究 [J]. 全球教育展望 (2)：12-21.

彭顺，汪夏，张红坡，等．2019. 母亲外向性与青少年外向性的关系：中介与调节作用模型 [J]. 心理发展与教育，35 (2)：167-175.

秦敏，朱晓，2019. 父母外出对农村留守儿童的影响研究 [J]. 人口学刊，41 (3)：38-51.

任强，唐启明，2014. 我国留守儿童的情感健康研究 [J]. 北京大学教育评论，12 (3)：30-49，189.

盛卫燕，胡秋阳，2019. 认知能力、非认知能力与技能溢价：基于CF-PS2010-2016年微观数据的实证研究 [J]. 上海经济研究 (4)：28-42.

肖莉娜，等，2014. 青少年学业压力、父母支持与精神健康 [J]. 当代青年研究 (5)：29-34.

辛自强，等，2012. 大学生心理健康变迁的横断历史研究 [J]. 心理学报 44 (5)：664-679，25-633.

水远漩，刘舒艳，2006. 关于父母期望与小学生课余生活安排关系的调查研究 [J]. 中国家庭教育 (02)：47-53.

宋保忠，王平川，2014. 根据教育价值构建科学的家长期望 [J]. 西安文理学院学报 (社会科学版)，(5)：100-102.

宋明华，陈晨，刘燊，等，2017. 父母教养方式对初中生攻击行为的影响：越轨同伴交往和自我控制的作用 [J]. 心理发展与教育，33 (6)，675-682.

〔苏〕安德烈耶娃，1984. 社会心理学 [M]. 天津：南开大学出版社.

苏斌原，张卫，苏勤，等，2016. 父母网络监管对青少年网络游戏成瘾为何事与愿违？：一个有调节的中介效应模型 [J]. 心理发展与教育，32 (5)，604-613.

孙清山，黄毅志，1996. 补习教育、文化资本与教育取得 [J]. 台湾社会期刊，(19)：93-125.

孙云晓，李文道，赵霞，2010. 男孩危机是一个客观存在的事实：对《男孩危机：一个危言耸听的伪命题》一文的回应 [J]. 青年研究，(3)：70-76，95-96.

谭健烽，陈耀琦，杨杰霖，2013. 高低乐群性人格大学生初始沙盘特征比较［J］.中华行为医学与脑科学杂志，3（22）：4.

滕睦，2010.浅谈大学生心理健康的重要性[J].成功（中下），（3）：139.

田菲菲，田录梅，2014.亲子关系、朋友关系影响问题行为的3种模型
[J].心理科学进展，22（6），968-976.

田录梅，陈光辉，王姝琼，等，2012.父母支持、友谊支持对早中期青
少年孤独感和抑郁的影响［J］.心理学报，44（7），944-956.

万国威，裴婷昊，2020.留守儿童的虐待风险及其治理策略研究［J］.
人口学刊，42（3）：51-65.

王朝蓉，2019.家庭社会经济地位与幼儿学习品质的关系［D］.广州：
广州大学.

王春超，钟锦鹏，2018.同群效应与非认知能力：基于儿童的随机实地
实验研究［J］.经济研究，53（12）：177-92.

王纯敏，2006.心理健康重于身体健康［J］.中国老年保健医学，（2）：
47-48.

王芳芳，李雁杰，张胜良，等，2002.初中生学习成绩与心理健康状
况关系的研究［J］.中国公共卫生，（9）：101-102。

王国敏，唐虹，费翔，2020.数字经济时代的人力资本差异与收入不平
等：基于PIAAC微观数据［J］.社会科学研究，（5）：97-107.

王宏等，2009.家庭因素对大学生抑郁的影响［J］.现代预防医学，36
（11）：2075-2077.

王慧敏，吴愈晓，黄超，2017.家庭社会经济地位、学前教育与青少
年的认知-非认知能力［J］.青年研究，（6）：46-57，92.

王骏，2018.非认知能力发展能够解释学业成绩分布的性别差异吗？：
来自北京市城市功能拓展区的经验证据［J］.世界经济文汇，（6）：49-69.

王姝琼，2011.青少年未来取向与学业、情绪适应关系的追踪研究
［D］.济南：山东师范大学.

王婷、刘爱伦，2005.中学生和家长的期望差异及其亲子关系的调查
[J].教育探索，（1）：98-100.

王薇，罗静，高文斌，2011.影响城市流动儿童自我认同的因素探析
[J].心理科学，34（2）：447-450.

王询，岳园园，朱晨，2018.非认知能力与创业：来自中国家庭追踪调
查的经验分析［J］.财经论丛，（11）：13-21.

王艳辉，李董平，孙文强，等，2017. 亲子依恋与初中生亲社会行为：有调节的中介效应 [J]. 心理学报，49（5），663-679.

王燕，张雷，刘红云，2005. 同伴关系在儿童社会自我概念形成中的中介作用 [J]. 心理科学，(5): 1152-1155.

王益文，林崇德，张文新，2004. 儿童攻击行为与"心理理论"关系的研究 [J]. 心理科学，(3): 540-544.

王永和，2004. 谈大学生心理健康的重要性 [J]. 中国高教研究，(4): 75-76.

王子涵，2016. 包含认知能力与非认知能力的教育回报率估计 [D]. 长沙：湖南大学.

韦雪艳，纪薇，郭淑贤，2019. 班级心理环境对中学生心理社会适应的影响 [J]. 教学与管理，(21): 74-77.

魏星，吕娜，纪林芹，等，2015. 童年晚期亲社会行为与儿的心理社会适应 [J]. 心理发展与教育，31（04）：402-410.

温忠麟，叶宝娟，2014. 中介效应分析：方法和模型发展 [J]. 心理科学进展，22（05）：731-745.

温忠麟，侯杰泰，张雷，2005. 调节效应与中介效应的比较和应用 [J]. 心理学报，(2): 268-274.

吴贾，林嘉达，韩潇，2020. 父母耐心程度、教育方式与子女人力资本积累 [J]. 经济学动态，(8): 37-53.

吴旻，刘争光，梁丽婵，2016. 亲子关系对儿童青少年心理发展的影响 [J]. 北京师范大学学报（社会科学版），(5): 55-63.

吴素景，魏广宁，邹增丽，等，2020. 大学生家庭教养方式与乐群性的相关研究 [J]. 文化创新比较研究，4（31）：7-9.

吴玉军，2005. 现代社会与自我认同焦虑 [J]. 天津社会科学，(6): 38-43.

吴愈晓，王鹏，杜思佳，2018. 变迁中的中国家庭结构与青少年发展 [J]. 中国社会科学，(2): 98-120，206-207.

吴重涵，张俊，王梅雾，2014. 家长参与的力量：家庭资本、家园校合作与儿童成长 [J]. 教育学术月刊，(3): 15-27.

邢敏慧，张航，2020. 隔代抚养对初中生非认知能力发展的影响：基于 CEPS 数据的实证研究 [J]. 国家教育行政学院学报，(10): 86-95.

夏锡梅，侯川美，2019. 情绪智力与中学生攻击行为的关系：道德推脱的中介作用 [J]. 中国特殊教育，(2)：91-96.

肖凌燕，2004. 儿童行为问题产生的原因及家庭干预 [J]. 中国特殊教育，(1)：64-68.

邢敏慧，张航，2020. 隔代抚养对初中生非认知能力发展的影响：基于 CEPS 数据的实证研究 [J]. 国家教育行政学院学报，(10)：86-95.

熊恋，凌辉，叶玲，2010. 青少年自我概念发展特点的研究 [J]. 中国临床心理学杂志，18 (4)：511-513.

薛婧，2017. 亲子互动对初中生学业成绩的影响效应研究 [D]. 上海：上海社会科学院.

肖莉娜，等，2014. 青少年学业压力、父母支持与精神健康 [J]. 当代青年研究，(5)：29-34.

许多多，2017. 大学如何改变寒门学子命运：家庭贫困、非认知能力和初职收入 [J]. 社会，37 (4)：90-118.

辛自强，等，2012. 大学生心理健康变迁的横断历史研究 [J]. 心理学报，44 (5)：664-679，25-633.

鄢隽，2018. 初中生人际亲密感与心理健康和学业成绩的关系及其干预研究 [D]. 上海：上海师范大学.

杨中超，2020. 学生能力增值中的学校与家庭影响：基于中国教育追踪调查数据的分析 [J]. 国家教育行政学院学报，(8)：66-76.

姚远，张顺，2016. 家庭地位、人际网络与青少年的心理健康 [J]. 青年研究 (5)：29-37，95.

姚上海，罗高峰，2011. 结构化理论视角下的自我认同研究 [J]. 理论月刊 (3)：46-49.

姚松，高莉亚，2018. 大规模兴建寄宿学校能更好促进农村学生发展吗？[J]. 教育与经济，(4)：53-60.

叶宝娟，温忠麟，2013. 有中介的调节模型检验方法：甄别和整合 [J]. 心理学报，45 (9)：1050-1060.

叶曼，张静平，贺达仁，2006. 留守儿童心理健康状况影响因素分析及对策思考 [J]. 医学与哲学（人文社会医学版），(6)：67-69.

叶子，庞丽娟，1999. 论儿童亲子关系、同伴关系和师生关系的相互关系 [J]. 心理发展与教育，(4)：50-53，57.

尹勤，刘越，高祖新，等，2011. 留守儿童自我意识评价及影响因素研究：以江苏省阜宁县为例 [J]. 西北人口，32（5）：81-84.

于冰洁，余锦汉，2020. 家庭文化资本、家长参与对学生学业成就的影响效应及作用路径分析 [J]. 教育学术月刊，（1）：18-24，30.

喻安伦，1998. 社会角色理论磋探 [J]. 理论月刊（12）：40-41.

禹瑛，2005. 中美两国中小学心理健康教育比较研究 [D]. 长春：东北师范大学.

袁存柱等，2011. 海南省大学生心理健康状况与特点研究 [J]. 海南师范大学学报（自然科学版），24（2）：234-236.

苑士军，1988. 把非认知因素与非理性因素区分开来 [J]. 哲学动态，（8）：33-34.

张红英等，2016. 父母受教育程度在积极心理品质对青少年抑郁症状影响中的调节作用 [J]. 中国全科医学，19（24）：2975-2981.

张春兴，1981. 高中生的自我知觉与对父母期待知觉间的差距与其学业成绩的关系 [J]. 教育心理学报，（4）：31-40。

张桂平，兰珊，2020. 社会排斥对大学生攻击行为的影响机制：焦虑情绪和自恋型人格的内在机理 [J]. 教育学术月刊，（3）：95-100.

张国礼，董奇，2011. 问题行为综合理论模型及述评 [J]. 中国特殊教育，（6）：94-96.

张静，石淑华，朝美荣，等，2003. 影响学龄儿童自我意识的家庭环境因素研究 [J]. 中国学校卫生，（4）：320-321.

张岚，2017. 农村家长教育参与度对小学生学习动机和学业成就的影响 [D]. 宁波：宁波大学.

张玲玲，2008. 青少年未来取向的发展与家庭、同伴因素的关系 [D]. 济南：山东师范大学.

张伟然，齐冰，2021. 父母严厉管教对儿童内化问题行为的影响：自尊的中介作用及友谊质量的调节作用 [C]. 第二十三届全国心理学学术会议摘要集（下）. 保定：河北大学教育学院.

张文新，2002. 青少年发展心理学 [M]. 济南：山东人民出版社.

张月云，谢宇，2015. 低生育率背景下儿童的兄弟姐妹数、教育资源获得与学业成绩 [J]. 人口研究（04）：19-34。

张兆曙，陈奇，2013 高校扩招与高等教育机会的性别平等化：基于中国综合社会调查（CGSS2008）数据的实证分析 [J]. 社会学研究, 28 (2)：173-196, 245.

赵卫国, 王奕丁, 姜雯宁, 等, 2020. 越轨同伴交往与男性犯罪青少年攻击行为的关系：一个有调节的中介模型 [J]. 中国特殊教育, (11)：62-69, 61.

赵延东, 洪岩璧, 2012. 社会资本与教育获得：网络资源与社会闭合的视角 [J]. 社会学研究, (5)：47-69, 243-244.

郑加梅, 卿石松, 2016. 非认知技能、心理特征与性别工资差距 [J]. 经济学动态, (7)：135-145.

郑磊, 祁翔, 2020. 学前教育经历与城乡学生的多维非认知能力差距 [J]. 学前教育研究, (11)：43-57.

郑力, 2020. 班级规模会影响学生的非认知能力吗?：一个基于 CEPS 的实证研究 [J]. 教育与经济, (1)：87-96.

郑庆友, 卢宁, 2016. 幼儿父母陪伴自尊和亲社会行为的关系 [J]. 中国学校卫生, 37 (1)：71-73.

智银利, 刘丽, 2003. 儿童攻击性行为研究综述 [J]. 教育理论与实践, (7)：43-45.

钟沁玥, 殷恬静, 刘梦婷, 等, 2021. 自恋、自尊和攻击行为的中介模型：内隐自尊的调节作用 [C]. 第二十三届全国心理学学术会议摘要集 (下). 武汉：中国地质大学心理科学与健康研究中心.

周波, 张智, 2007. 初中生亲子沟通特点及其与 SCL-90 的关系 [J]. 中国心理卫生杂志, 21 (1)：46-9.

周金燕, 2015. 人力资本内涵的扩展：非认知能力的经济价值和投资 [J]. 北京大学教育评论, 13 (1)：78-95, 189-90.

周志强, 田宝, 2004. 父母的期望与学生学习的关系 [J]. 国际中华应用心理学杂志, (2)：147-151.

周宗奎, 孙晓军, 赵冬梅, 等, 2015. 同伴关系的发展研究 [J]. 心理发展与教育, 31 (1)：62-70.

朱红, 张宇卿, 2018. 非认知与认知发展对大学生初职月薪的影响 [J]. 华东师范大学学报 (教育科学版), 36 (5)：42-50, 166.

朱志胜, 李雅楠, 宋映泉, 2019. 寄宿教育与儿童发展：来自贫困地区 137 所农村寄宿制学校的经验证据 [J]. 教育研究, 40 (8)：79-91.

邹泓, 1998. 同伴关系的发展功能及影响因素 [J]. 心理发展与教育 (2)：3-5.

祖霁云, Patrick Kyllonen, 2019. 非认知能力的重要性及其测量 [J]. 中国考试, (9)：22-31.

Ackard D M, Neumark－sztainer D, Story M, et al. 2006. Parent－child connectedness and behavioral and emotional health among adolescents [J]. American journal of preventive medicine, 30 (1)：59-66.

Agbenyega J, 2009. The Australian Early Development Index, Who Does It Measure：Piaget or Vygotsky's Child? Aust. J. Early Child.

Alexander W P, 1938. Intelligence, concrete and abstract：1 NOTE [J]. British Journal of Psychology, 29 (1)：74.

Amato P R, 2000. The Consequences of Divorce for Adults and Children [J]. Journal of Marriage and Family.

Amélie Q, Taylor M, 2012. Socioeconomic pathways to depressive symptoms in adulthood：Evidence from the National Longitudinal Survey of Youth 1979 [J]. social science & medicine, 74 (5)：734-743.

Anderson C, A, Bushman B J, 2002. Human aggression [J]. Annual review of psychology, 53 (1), 27-51.

Antman F M, 2013. The Impact of Migration on Family Left Behind. In International Handbook on the Economics of Migration.

Bagán G., Tur－Porcar A M, Llorca A, 2019. Learning and Parenting in Spanish Environments：Prosocial Behavior, Aggression, and Self－Concept. Sustainability, 11 (19).

Bandura A, 1977. Self－efficacy：Toward a unifying theory of behavioral change [J]. Psychological review, 84 (2).

Barbalet J, 1993. Confidence：time and emotion in the sociology of action [J]. Journal for the Theory of Social Behaviour, 23 (3)：229-47.

Barry J, Zimmerman, 2000. Self－Efficacy：An Essential Motive to Learn [J]. Contemporary Educational Psychology, 25 (1)：82-91.

Baumrind D, 1971. Current Patterns of Parental Authority [J]. Developmental Psychology, 4 (2)：111-121.

Berlyne D E, 1962. Uncertainty and epistemic curiosity [J]. British journal of psychology (London, England: 1953) 53.

Bernadette S., Patricia E., Yan C, et al., 2010. Tryin' to make it during the transition from high school: The role of family obligation attitudes and economic context for Latino-emerging adults [J]. Journal of Adolescent Research. 25 (6), 858-884.

Beyers W, Seiffge-Krenke I, 2007. Are friends and romantic partners the "best medicine"? How the quality of other close relations mediates the impact of changing family relationships on adjustment [J]. International Journal of Behavioral Development, 31 (6): 559-568.

Blanden J, Gregg P, Macmillan L, 2007. Accounting for intergenerational income persistence: noncognitive skills, ability and education [J]. The Economic Journal, 117 (519): C43-C60.

Bowles S, Gintis H, Osborne M, 2001. The determinants of earnings: A behavioral approach [J]. Journal of economic literature, 39 (4): 1137-1176.

Bowles S, Gintis H, 1976. Educational reform and the contradictions of economic life [M]. Haymarket Books, Schooling in capitalist America.

Bradley R H, Corwyn R F, 2002. Socioeconomic Status and Child Development. Annual Review of Psychology, 21 (3): 371-399.

Bramlett M D, Blumberg S J, 2007. Family Structure and Children's Physical and Mental Health [J]. Health Aff, 26 (2): 549-558.

Branje S J, Hale W W, Frijns T, et al., 2010. Longitudinal associations between perceived parent-child relationship quality and depressive symptoms in adolescence [J]. Journal of abnormal child psychology, 38 (6): 751-763.

Brinkman S A, Gregory T A, Goldfeld S et al., 2014. Data resource profile: The Australian early development index (AEDI) [J]. International Journal of Epidemiology, 43 (4): 1089-1096.

Bronfenbrenner U, 1986. Ecology of the family as a context for human development: Research perspectives [J]. Developmental psychology, 22 (6): 723.

Bronfenbrenner, 1979. The Ecology of Human Development: Experiments by Nature and Design [J]. Children & Youth Services Review, 2 (4): 433-438.

Brown S L, 2004. Family Structure Transitions and Adolescent Well-Being

[J]. Demogvaphy, 43 (3): 447-461.

Buhrmester D, Furman W, 1987. The Development of Companionship and Intimacy [J/OL]. Child Development, 58 (4): 1101-1113.

Carlo G, Mestre M V, McGinley M M, et al., 2014. The protective role of prosocial behaviors on antisocial behaviors: The mediating effects of deviant peer affiliation [J]. Journal of Adolescence, 37 (4), 359-366.

Case A., Paxson C, 2001. Mothers and Others: Who Invests in Children's Health? [J]. Health Econ, 20 (3), 301-328.

Castro M, Expósito-Casas E, López-Martín E, et al., 2015. Parental Involvement on Student Academic Achievement: A Meta-Analysis [J]. Educational Research Review.

Cattell R B, 1943. The description of personality: Basic traits resolved into clusters [J]. The journal of abnormal and social psychology, 38 (4): 476.

Cattell R B, 1945. The principal trait clusters for describing personality [J]. Psychological Bulletin, 42 (3): 129.

Caughy M O, Di Pietro J A, Strobino D M, 1994. Day-care participation as a protective factor in the cognitive development of low-income children. [J]. Child Development, 65 (1): 457-471.

Cavanagh S E, 2008. Family Structure History and Adolescent Adjustment [J]. Journal of Marriage & Family, 70 (3): 698-714.

Centifanti L C M, Modecki K L, MacLellan S, et al., 2016. Driving under the influence of risky peers: An experimental study of adolescent risk taking [J]. Journal of research on adolescence, 26 (1), 207-222.

Charles E, et al. America's adolescents: where have we been, where are we going? [J]. Journal of Adolescent Health, 31 (6): 58-66.

Chen W-W, Ho H-Z, 2012. The relation between perceived parental involvement and academic achievement: The roles of Taiwanese students' academic beliefs and filial piety [J]. International Journal of Psychology, 47 (4): 315-24.

Chen, Y, 2009. Li, H. Mother's Education and Child Health: Is There a Nurturing Effect? [J]. Health Econ, 28 (2), 413-426.

Ciping D, Silinskas G, Wei W, et al., 2015. Cross-lagged relationships between home learning environment and academic achievement in Chinese [J]. Early Childhood Research Quarterly, 33 (12) -20.

Cobb-clark D A, Tan M, 2011. Noncognitive skills, occupational attainment, and relative wages [J]. Labour Economics, 18 (1): 1-13.

Cohn A M, 2018. Never, non-daily, and daily smoking status and progression to daily cigarette smoking as correlates of major depressive episode in a national sample of youth: Results from the National Survey of Drug Use and Health 2013 to 2015 [J]. Addictive behaviors, 84 (6): 189-199.

Coleman J, 1968. The concept of equality of educational opportunity [J]. Harvard educational review, 38 (1): 7-22.

Coleman J S, 1988. Social capital in the creation of human capital [J]. American journal of sociology, 94, S95-S120.

Coneus K, Laucht M, 2014. The effect of early noncognitive skills on social outcomes in adolescence [J]. Education Economics, 22 (2): 112-40.

Coneus K, Laucht M, 2014. The effect of early noncognitive skills on social outcomes in adolescence [J]. Education Economics, 22 (2): 112-40.

Connell J P, M B Spencer, J L Aber, 1994. Educatioanl Risk and Resilience in Afriacan-American Youth: Contex, Self, Action, and Outcomes in School [J]. Child Development, 65 (2): 493-506.

Connolly I, O'MOORE M, 2003. Personality and family relations of children who bully [J]. Personality and individual differences, 35 (3): 559-67.

Cornwell C, Mustard D B, VAN PARYS J, 2013. Noncognitive skills and the gender disparities in test scores and teacher assessments: Evidence from primary school [J]. Journal of Human resources, 48 (1): 236-64.

Costa P, Mccrae R, Kay G. Persons, Places, and Personality, 1995. : Career Assessment Using the Revised NEO Personality Inventory [J]. Journal of Career Assessment - J CAREER ASSESSMENT, 3 (123) -39.

Costa P, Mccrae R, 1992. Normal Personality Assessment in Clinical Practice: The NEO Personality Inventory [J]. Psychological Assessment, 4 (5) -13.

Crosnoe R, Cavanagh S E. Families with Children and Adolescents: A Review, Critique, and Future Agenda. J. Marriage Fam. 2010, 72 (3), 594-611.

Cummings E M, Cheung R Y, Koss K, Davies P T, 2014. Parental depressive symptoms and adolescent adjustment: A prospective test of an explanatory model for the role of marital conflict [J]. Journal of abnormal child psychology, 42 (7), 1153–1166.

Cunha F, Heckman J J, Schennach S M, 2010. Estimating the technology of cognitive and noncognitive skill formation [J]. Econometrica, 78 (3): 883–931.

Darcy Hango, 2007. Parental investment in childhood and educational qualifications: Can greater parental involvement mediate the effects of socioeconomic disadvantage? [J]. Social Science Research, 36 (4): 1371–1390.

Darling N, Steinberg L, 2017. Parenting style as context: An integrative model [M]. Interpersonal development. Routledge: 161–170.

Davis-Kean P E, 2005. The Influence of Parent Education and Family Income on Child Achievement: The Indirect Role of Parental Expectations and the Home Environment [J]. J Fam Psychol, 19 (2): 294–304.

Depue R A, Collins P F, 1999. Neurobiology of the structure of personality: Dopamine, facilitation of incentive motivation, and extraversion [J]. Behavioral and brain sciences, 22 (3): 491–517.

Development Initiatives, 2017. Global Nutrition Report 2017: Nourishing the SDGs.

Digman J M, 1990. Personality structure: Emergence of the five-factor model [J]. Annual review of psychology, 41 (1): 417–440.

Eccles J S, 1999. The development of children ages 6 to 14. [J]. Future of Children, 9 (2): 30–44.

Edwards R C, 1976. Individual Traits and Organizational Incentives: What Makes a "Good" Worker? [J]. The Journal of Human Resources, 11 (1): 51–68.

Eiser C, Morse R, 2001. The Measurement of Quality of Life in Children: Past and Future Perspectives [J]. Journal of Developmental and Behavioral Pediatrics, 22 (4): 248–56.

Eliacik K, et al., 2016. Internet addiction, sleep and health-related life quality among obese individuals: a comparison study of the growing problems in adolescent health [J]. Eating and weight disorders: EWD, 21 (4): 45–60.

Elizabeth O, et al., 2020. The moderating role of teacher-student relationships on the association between peer victimization and depression in students with intellectual disabilities [J]. Research in Developmental Disabilities, 98 (09): 87-99.

Emily M, Grossnickle, 2016. Disentangling Curiosity: Dimensionality, Definitions, and Distinctions from Interest in Educational Contexts [J]. Educational Psychology Review, 28 (1): 23-60.

Erikson E H, 1968. Identity: Youth and crisis [M]. New York: WW Norton & company.

Ermisch J, Francesconi M, 2001. Family Matters: Impacts of Family Background on Educational Attainments [J]. Economica.

Eysenck H J, Eysenck S B, 1976. Eysenck personality questionnaire [M]. Educational and Industrial Testing Service.

F Kennedy J, 2002. Where the boys aren't: non-cognitive skills, returns to school and the gender gap in higher education [J]. Economics of Education Review, 21 (6): 589-598.

Farrington D P, 2000. Explaining and preventing crime: The globalization of knowledge: The American Society of Criminology 1999 presidential address [J]. Criminology, 38 (1), 1-24.

Fibbi R, Truong J, 2015. Parental involvement and educational success in Kosovar families in Switzerland [J]. Comparative Migration Studies, 3 (1): 13-19.

Field T, Lang C, Yando R, et al., 1995. Adolescents Intimacy with Parents and Friends [J]. Adolescence, 30 (117): 133-140.

Fomby P, Cherlin A J, 2007. Family Instability and Child Well-Being [J]. Am Sociol Rev, 72 (2): 181-204.

Fuller-Thomson E, Dalton A D, 2015. Gender Differences in the Association between Parental Divorce during Childhood and Stroke in Adulthood: Findings from a Population-Based Survey [J]. Internatinal Journal of Stroke, 10 (6), 868-875.

Furman W, Buhrmester D, 1985. Children's Perceptions of the Personal Relationships in Their Social Networks [J]. Developmental Psychology, 21 (6): 1016-1024.

Gary S. Becker and Nigel Tomes, 1986. Human Capital and the Rise and Fall of Families [J]. 4 (3): S1-S39.

Gasser C E, Larson L M, Borgen F H, 2004. Contributions of personality and interests to explaining the educational aspirations of college students [J]. Journal of Career Assessment. 12 (4): 347-365.

Gaviria, Alejandro, Steven R, 2001. School-based Peer Effects and Juvenile Behavior [J]. The Review of Economics and Statistics. 83 (2): 257-268.

Gómez-Ortiz O, Romera E M, Ortega Ruiz R, 2016. Parenting styles and bullying. The mediating role of parental psychological aggression and physical punishment [J]. Child abuse & neglect, 51, 132-143.

Gonzalez-dehass A R, Willems P P, Holbein M F D, 2005. Examining the relationship between parental involvement and student motivation [J]. Educational psychology review, 17 (2): 99-123.

Graber J A, 2013. Internalizing problems during adolescence [M]. John Wiley & Sons, Inc.

Grolnick W S, Kurowski C O, Dunlap K G, et al., 2000. Parental resources and the transition to junior high [J]. Journal of Research on Adolescence, 10 (4): 465-88.

Grolnick W S, Slowiaczek M L, 1994. Parents' involvement in children's schooling: A multidimensional conceptualization and motivational model [J]. Child development, 65 (1), 237-252.

Haller, Archibald O, Butterworth C, 1960. Peer Influence on Levels of Occupation and Educational Aspiration [J]. Social Forces. 38 (4): 119-137.

Hasan S, Surendrakumar B, 2013. The Mechanic of Social Capital and Academic Performance in an Indian College [J]. American Sociologiacal Review. 78 (6): 1009-1032.

Haveman Robert, Wolfe Barbara, 1995. Succeeding Generations: On the Effects of Investments in Children [M]. Russell Sage Foundation.

He B, Fan J, Liu N, et al., 2012. Depression risk of 'left-behind children' in rural China [J]. Psychiatry Research, 200 (2-3).

Heckman J J, RUBINSTEIN Y, 2001. The importance of noncognitive skills: Lessons from the GED testing program [J]. American Economic Review, 91 (2): 145-9.

Heckman J J, STIXRUD J, URZUA S, et al., 2006. The Effects of Cognitive and Noncognitive Abilities on Labor Market Outcomes and Social Behavior [J]. NBER Working Papers, 24 (3): 411-82.

Heckman J, 2001. The importance of non-cognitive skills [J]. The American Economic Review, 91 (145) -9.

Heckman James J, STIXRUD J, URZUA S, 2006. The Effects of Cognitive and Noncognitive Abilities on Labor Market Outcomes and Social Behavior [J]. Journal of Labor Economics, 24 (3): 411-82.

Heckman, James J, et al., 2001. The Importance of Noncognitive Skills: Lessons from the GED Testing Program [J]. American Economic Review.

Henderson Bruce, Moore Shirley G, 1979. Measuring exploratory behavior in young children: A factor-analytic study[J]. Developmental Psychology, 15 (2).

Hill N E, Tyson D F, 2009. Parental involvement in middle school: a meta-analytic assessment of the strategies that promote achievement [J]. Developmental psychology, 45 (3): 740.

Hogan T P, Awad A, Eastwood R A, 1983. self-report scale predictive of drug compliance in schizophrenics: reliability and discriminative validity [J]. Psychological medicine, 13 (1): 177-83.

Hoover-dempsey K V, Sandler H M, 1995. Parental involvement in children's education: Why does it make a difference? [J]. Teachers college record.

Hu H, Lu S, Huang C C, 2014. The Psychological and Behavioral Outcomes of Migrant and Left-behind Children in China [J]. Child Youth Serv Rev.

Ingeborg B V, et al., 2020. Physical activity, mental health and academic achievement: A cross-sectional study of Norwegian adolescents [J]. Mental Health and Physical Activity, 18 (9): 25-37.

Jacobson M C, et al., 2015. The Association of Interpersonal and Intrapersonal Emotional Experiences with Non-Suicidal Self-Injury in Young Adults [J]. Archives of Suicide Research, 19 (4): 401-413.

Jessor R, 2017. Problem Behavior Theory and the Social Context [J]. Springer.

Jones E J, et al., 2018. Chronic Family Stress and Adolescent Health: The Moderating Role of Emotion Regulation [J]. Psychosomatic medicine, 80 (8): 159-170.

Jordan A, Litman, 2008. Interest and deprivation factors of epistemic curiosity [J]. Personality and Individual Differences, 44 (7).

Jouriles E N, Rosenfield D, McDonald R, et al., 2014. Child Involvement in Interparental Conflict and Child Adjustment Problems: A Longitudinal Study of Violent Families [J]. Abnorm Child Psychol, 42 (5), 693-704.

Judge T A, Zapata C P, 2015. The Person-Situation Debate Revisited: Effect of Situation Strength and Trait Activation on the Validity of the Big Five Personality Traits in Predicting Job Performance [J]. Academy of Management Journal, 58 (4): 1149-1179.

Jung C. G., 1921. Psychological types [M]. London: Kegan Paul, Trench, Trabner.

Kane T J, 2004. The Impact of After-School Programs: Interpreting the Results of Four Recent Evaluations [D]. Working paper of the William T. Grant Foundation.

Kautz T, HECKMAN J J, DIRIS R, et al., 2014. Fostering and Measuring Skills: Improving Cognitive and Non-cognitive Skills to Promote Lifetime Success [J]. OECD Education Working Papers.

Kautz T, HECKMAN J J, DIRIS R, et al., 2014. National Bureau of Economic Research [R]. 0898-2937.

Khawaja M, Mowafi M, 2006. Cultural capital and self-rated health in low income women: evidence from the Urban Health Study, Beirut, Lebanon [J]. Journal of urban health: bulletin of the New York Academy of Medicine, 83 (3): 102-113.

Koh J B K, Shao Y, Wang Q, 2009. Father, Mother and Me: Parental Value Orientations and Child Self-identity in Asian American Immigrants [J]. Sex Roles, 60 (7-8): 600-610.

Kou Murayama, Christof Kuhbandner, 2011. Money enhances memory consolidation: But only for boring material [J]. Cognition: 119 (1).

Lancaster G, Rollinson L, Hill J, 2007. The measurement of a major childhood risk for depression: comparison of the Parental Bonding Instrument (PBI) 'Parental Care' and the Childhood Experience of Care and Abuse (CECA) 'Parental Neglect' [J]. Journal of affective disorders, 101 (1-3): 263-7.

Langton C E, Berger L M, 2011. Family Structure and Adolescent Physical Health, Behavior, and Emotional Well-Being [J]. Soc Serv Rev, 85 (3), 323 -357.

Laursen B, DeLay D, 2011. Parent-Child Relationship [J]. In Encyclopedia of Adolescence.

Lee D, McLanahan S, 2015. Family Structure Transitions and Child Development [J]. American Sociol-ogical Review, 80 (4): 738.

Leflot G, Onghena P, Colpin H, 2010. Teacher-child interactions: relations with children's self - concept in second grade [J]. Infant & Child Development, 19 (4): 385-405.

Lei W, et al., 2019. Academic achievement and mental health of left-behind children in rural China [J]. China Agricultural Economic Review, 11 (4): 90-107.

Levine C R, Elizabeth V D, S S H, 2009. Fathers' and mothers' parenting predicting and responding to adolescent sexual risk behaviors [J]. Child development, 80 (3).

Long M V, Martin P, 2000. Personality, Relationship Closeness, and Loneliness of Oldest Old Adults and Their Children [J]. The Journals of Gerontology: Series B, 55 (5): P311-P9.

Maccoby, Martin J A, 1983. Socialization in the context of the family: Parent-child interaction [J]. Handbook of Child Psychology Formerly Carmichaels Manual of Child Psychology, 12 (4): 222-237.

Magnuson K, Berger L M, 2009. Family Structure States and Transitions: Associations with Children's Well-Being during Middle Childhood [J]. Marriage Fam.

McLanahan S, Percheski C, 2008. Family Structure and the Reproduction of Inequalities. Annu Rev Sociol.

Merton R C, 1975. Option pricing when underlying stock returns are discontinuous [J]. Working Papers, 3 (1): 125-144.

Messick S, 1979. Potential uses of noncognitive measurement in education [J]. Journal of Educational Psychology, 71 (3): 281.

Min Jeong Kang, Ming Hsu, Ian M. Krajbich, George Loewenstein, Samuel M. McClure, Joseph Tao-yi Wang, Colin F. Camerer, 2009. The Wick in the Candle of Learning: Epistemic Curiosity Activates Reward Circuitry and Enhances Memory [J]. Psychological Science, 20 (8).

Neppl T K, Dhalewadikar J, Lohman B J, 2016. Harsh parenting, deviant peers, adolescent risky behavior: Understanding the meditational effect of attitudes and intentions [J]. Journal of research on adolescence, 26 (3), 538-551.

Norman W T, 1963. Toward an adequate taxonomy of personality attributes: Replicated factor structure in peer nomination personality ratings [J]. The Journal of Abnormal and Social Psychology, 66 (6): 574.

Oluwatelure T, Oloruntegbe K, 2010. Effects of parental involvement on students attitude and performance in science [J]. African Journal of Microbiology Research, 4 (1): 1-9.

Orla Doyle, Colm Harmon, James J, 2016. Heckman, Caitriona Logue, Seong Hyeok Moon. Early skill formation and the efficiency of parental investment: A randomized controlled trial of home visiting [J]. Labour Economics, 45.

Øyfrid L M, Marie L H, 2019. Adolescents' mental health, help seeking and service use and parents' perception of family functioning [J]. Nordic Journal of Nursing Research, 39 (1): 1-8.

Parker G, 1989. Parental bonding instrument: Psychometric properties revisited [J]. Psych Dev, 4 (4): 317-335.

Patrick H, Nicklas T A, 2005. A Review of Family and Social Determinants of Children's Eating Patterns and Diet Quality [J]. Jourral of the American Colloge of Nutrition, 24 (2), 83-92.

Peetsma T T D. 2000. Future time perspective as a predictor of school investment [J]. Scandinavian Journal of Educational Research. 44 (1): 177-192.

Pérez-Fuentes M d C, Molero Jurado M d M, Barragán Martín A B, et al., 2019. Family functioning, emotional intelligence, and values: Analysis of the relationship with aggressive behavior in adolescents [J]. International journal of environmental research and public health, 16 (3), 478.

Philip H. Brown, Albert Park, 2002. Education and poverty in rural China [J]. Economics of Education Review, 21 (6).

Ping C, Harris K M, 2019. Association of Positive Family Relationships With Mental Health Trajectories From Adolescence To Midlife [J]. JAMA pediatrics, 10 (6): 20-34.

Pomerantz E M, Moorman E A, Litwack S D, 2007. The How, Whom, and Why of Parents' Involvement in Children's Academic Lives: More Is Not Always Better [J]. Review of Educational Research, 77 (3): 373-410.

Pomerantz E M, Ng F F, Wang Q, 2008. Culture, parenting, and motivation: The case of East Asia and the US. In M. L. Maehr, S. A. Karabenick, and T. C. Urdan (Eds.) Advances in motivation and achievement [J]. Social psychological perspectives, 1 (15): 209-240.

Prinzie P, Onghena P, Hellinckx W, et al., 2004. Parent and child personality characteristics as predictors of negative discipline and externalizing problem behaviour in children [J]. European Journal of Personality, 18 (2): 73-102.

PT C. McCrae RR, 1992. Revised NEO Personality Inventory (NEO PIR) and NEO Five-Factor Inventory (NEO-FFI) Professional Manual [J]. Odessa, Florida: Psychological Assessment Resources.

Quach A S, Epstein N B, Riley P J, et al., 2015. Effects of parental warmth and academic pressure on anxiety and depression symptoms in Chinese adolescents [J]. Journal of Child and Family Studies, 24 (1): 106-16.

Ram B, Hou F, 2003. Changes in Family Structure and Child Outcomes: Roles of Economic and Familial Resources [J]. Policy Stud. J, 31 (3), 309-330.

Raufelder D, Hoferichter F, Ringeisen T, et al., 2015. The perceived role of parental support and pressure in the interplay of test anxiety and school engagement among adolescents: Evidence for gender-specific relations [J]. Journal of Child and Family studies, 24 (12): 3742-3756.

Reynolds A J, Temple J A, OU S R, 2010. Preschool education, educational attainment, and crime prevention: Contributions of cognitive and non-cognitive skills [J]. Children & Youth Services Review, 32 (8): 1054-1063.

Rice K G, Mulkeen P, 1995. Relationships with parents and peers: a longitudinal study of adolescent intimacy [J]. Journal of Adolescent Research, 10 (3): 338-357.

Roberts B W, 2009. Back to the future: Personality and assessment and personality development [J]. Journal of research in personality, 43 (2): 137-45.

Rogers M A, Hickey A J, Wiener J, Heath N, Noble R, 2018. Factor structure, reliability and validity of the parental support for learning scale: Adolescent short form (PSLS-AS) [J]. Learning Environments Research, 21 (3), 423-431.

Rosenberg M, 1965. Society and the adolescent self-image [M]. Princeton university press.

Rotter J B, 1966. Generalized expectancies for internal versus external control of reinforcement [J]. Psychological monographs: General and applied, 80 (1): 1.

Rottinghaus P J, Lindley L D, Green M A, et al., 2002. Educational aspirations: The contribution of personality, self-efficacy, and interests [J]. Journal of Vocational Behavior, 61 (1), 1-19.

Rutchick A M, Smyth J M, Lopoo L M, et al., 2009. Great expectations: the biasing effects of reported child behavior problems on educational expectancies and subsequent academic achievement [J]. Journal of Social&Clinical Psychology, 28 (3): 392-413.

Salakhova V B, Sokolovskaya I E, Ulyanova I V, Karina O V, Terekhova A I, 2019. Deviant behavior formation factors among students: aggressive behavior and internet risks [J]. Práxis Educacional, 15 (34), 683-694.

Sarsour K, Sheridan M, Jutte D, Nuru-Jeter A, Hinshaw S, Boyce W, 2011. T. Family Socioeconomic Status and Child Executive Functions: The Roles of Language, Home Environment, and Single Parenthood [J]. J Int Neuropsychol Soc, 17 (1), 120-132.

Schmeer K K, 2011. The Child Health Disadvantage of Parental Cohabitation [J]. Marriage Fam, 73 (1), 181-193.

Schofield T J, Conger R D, Robins R W, 2015. Early adolescent substance use in Mexican origin families: Peer selection, peer influence, and parental monitoring [J]. Drug and alcohol dependence, 157, 129-135.

Schultz, Theodore, 1973. Investment in Human Capital [J]. American Journal of Agricultural Economics, 55 (10): 230-238.

Schunk D H, 1989. Self-Efficacy and Achievement Behaviors [J]. Educational Psychology Review [J]. 1 (3): 173-208.

Sewell W H, Shah V P, 1968. Social class, parental encouragement, and educational aspirations [J]. AmericanJournal of Sociology. 73 (5): 559-572.

Shenoy D P, et al., 2016. The Mental Health Status of Single-Parent Community College Students in California [J]. Journal of American college health: J of ACH, 64 (2): 167-179.

Sherwood J J, 1965. Self-Identity and Referent Others [J]. Sociometry, 28 (1): 66-81.

Shute R, et al., 2019. The relationship of recalled adverse parenting styles with maladaptive schemas, trait anger, and symptoms of depression and anxiety [J]. Journal of Affective Disorders, 259 (02): 337-348.

Simpkins S D, Delgado M Y, Price C D et al., 2013. Socioeconomic Status, Ethnicity, Culture, and Immigration: Examining the Potential Mechanisms Underlying Mexican-Origin Adolescents' Organized Activity Participation [J]. Dev. Psychol.

Sophie E M, et al., 2017. Consequences of bullying victimization in childhood and adolescence: A systematic review and meta-analysis [J]. World Journal of Psychiatry, 7 (01): 60-76.

Stanton E A, 2007. Human Development Index: A History [J]. Polit Econ Res Inst Work Pap Ser.

Steinberg L, et al., 1994. Over-time changes in adjustment and competence among adolescents from authoritative, authoritarian, indulgent, and neglectful families [J]. Child Development, 65: 754-770.

Steinberg L, Monahan K C, 2007. Age difference in resistance to peer influence [J]. Developmental Psychology, 43 (6): 1531-1543.

Streyffeler L, Altmaier E M, Kuperman S, et al., 2005. Development of a Medical School Admissions Interview Phase 2: Predictive Validity of Cognitive and Non-Cognitive Attributes [J]. Medical Education Online, 10 (1).

Subrahmanyam K, Kraut R E, Greenfield P M, Gross E F, 2000. The Impact of Home Computer Use on Children's Activities and Development [J]. Future of Children.

SUI-CHU E H, WILLMS J D, 1996. Effects of parental involvement on eighth-grade achievement [J]. Sociology of education, 126-141.

Tabak I, Mazur J, 2016. Social support and family communication as factors protecting adolescents against multiple recurrent health complaints related to school stress [J]. Developmental period medicine, 20 (1): 35-47.

Tronick E, Barbosa M, Fuertes M, et al., 2016. "Social interaction", in The Curated Reference Collection in Neuroscience and Biobehavioral Psychology [M]. Elsevier Science Ltd: 207-215.

Van de Poel E, O'Donnell O, Van Doorslaer E, 2007. Are Urban Children Really Healthier? Evidence from 47 Developing Countries [J]. Soc Sci Med.

Véronneau M H, Dishion T J, 2010. Predicting change in early adolescent problem behavior in the middle school years: A mesosystemic perspective on parenting and peer experiences [J]. Journal of abnormal child psychology, 38 (8), 1125-1137.

Vroom, Victor H, 1973. A New Look at Managerial Decision Making [J]. Organizational Dynamics, 1 (4): 66-80.

Walsh S D, Harel-Fisch Y, Fogel-Grinvald H, 2010. Parents, teachers and peer relations as predictors of risk behaviors and mental well-being among immigrant and Israeli born adolescents [J]. Social ence & Medicine, 70 (7): 976-984.

Wang L, Mesman J, 2015. Child Development in the Face of Rural-to-Urban Migration in China: A Meta-Analytic Review [J]. Perspect Psychol Sci10 (6): 813-831.

Wang M, Victor B G, Wu S, et al., 2019. Associations between Family Structure and Social-Emotional Development among School-Aged Children in Mainland China [J]. Asia Pacific J Soc Work Dev, 29 (4), 249-263.

Wang W, Shi L, Yin A., et al., 2015. Primary Care Quality among Different Health Care Structures in Tibet, China [J]. Biomed Res. Int.

Wei D, 2012. Parental influence on Chinese students' achievement: a social capital perspective [J]. Asia Pacific Journal of Education, 32 (2): 153-66.

West M R, Kraft M A, Finn A S, et al., 2016. Promise and paradox: Measuring students' non-cognitive skills and the impact of schooling [J]. Educational Evaluation and Policy Analysis, 38（1）: 148-70.

Williams-Morris R S, 1996. Racism and Children's Health: Issues in Development [J]. Ethn Dis.

Wilt J, Revelle W, 2017. Extraversion [J].

Worobey J L, Angel R J, Worobey J, 1988. Family Structure and Young Children's Use of Medical Care [J]. Topics Early Child Spec Educ, 8（2）, 30-40.

Yamamoto Y, Holloway S D, 2010. Parental Expectations and Children's Academic Performance in Sociocultural Context [J]. Educational Psychology Review, 22（3）: 189-214.

Yang Z, Schaninger C M, Laroche M, 2013. Demarketing teen tobacco and alcohol use: Negative peer influence and longitudinal roles of parenting and self-esteem [J]. Journal of Business Research, 66（4）, 559-567.

Yanjie B, 1997. Bringing Strong Ties Back in: Indirect Ties, Network Bridges, and Job Searches in China [J]. American Sociological Review. 62（3）: 366-385.

Ye M, et al., 2017. The psychological problems and related influential factors of left-behind adolescents（LBA）in Hunan, China: a cross sectional study [J]. International Journal for Equity in Health, 16（1）: 243-251.

You S, Lim S A, No U, et al., 2015. Multidimensional aspects of parental involvement in Korean adolescents' schooling: a mediating role of general and domain-specific self-efficacy [J]. Educational Psychology. 11（3）: 1-19.

Yujie Y, Haichao L, Xiaona H, et al., 2017. Quantitative Study on the Evaluation of Children Development in China. Chinese J. Soc. Med, 34（2）, 166-169.

Zeng Yi, 1987. Changes in Family Structure in China: A Simulation Study. Popul. Dev. Rev.

Zhang D, Li X, Xue J, 2015. Education Inequality between Rural and Urban Areas of the People's Republic of China, Migrants' Children Education, and Some Implications [J]. Asian Dev. Rev.

Zhou M, Murphy R, Tao R, 2014. Effects of Parents' Migration on the Education of Children Left behind in Rural China [J]. Popul Dev Rev.

Ziapour A, Kianipour N, 2015. Association among character attributes and mental health among the staff in Medical Sciences Kermanshah University in 2015 [J]. Journal of medicine and life, 8 (3): 20-31.